はるかなり、札幌

旅するように暮らした
北海道初心者の二年十一か月

目次

はじめに

二〇一三年春、とつぜん札幌に住むことになった。夫に転勤辞令がおりたのだ。三十年を超える会社員生活で初めての住居の移動を伴う異動。まさに青天の霹靂だった。

転勤なんて、大勢の会社員が当たり前のように経験しているありふれた事柄だが、いざ自分の身に降りかかってみると、自分の意思にいっさい関係なく他者によって生活を根本から変えられるということはやはり嬉しいことではなかった。周囲の人たちは、札幌は住みやすい場所だとか、新しい土地に住めばまた新たな経験ができて視野が広がるとか、いろいろ励まそうとしてくれた。北海道に住めるなんてうらやましいと言う人さえいた。しかし、生活の激変を強制される無念さは、北海道がどれほど魅力的な場所であろうと変わらない。

夫もわたしも日本の地方というものを極端に知らなかった。二人とも東京二十三区内で生まれ育ち、進学や就職のために別の土地に行く必要がなかった。勤務地も一貫して東京およびその近郊。やがてわたしはフリーランスとして自宅で仕事をするようになり、ますます他所に行く必要がなくなった。途中、二年間のアメリカ生活を経験したが、それは自分たちが強く希望したからだし、三十年以上暮らしている鎌倉は、親類縁者もいないのになんとなく良さそうだから借家に住み始め、そのまま居ついて家を建てた。

北海道はそうした縁や関心のはるか外にあった。北海道には足を踏み入れたことさえなく、このまま一生行くこともないだろうと漠然と思っていた。ある意味、北海道はアメリカよりも遠かったのだ。そんな土地に、観光をすっとばしていきなり生活者として向き合うことになろうとは。

しかし、とにかく行かなければならない。会社は転居を伴う辞令であっても一か月の猶予しかくれない。限られた時間で札幌生活の戦略を立て、どんどん準備を進めなければならない。

ええい、こうなったら仕方がない。最初のショックが鎮まると、この事態を一種のアドベンチャーだと考え、それを乗り越える達成感を楽しもうと腹をくくった。

まずは基本的な生活形態を決定した。基本は夫の単身赴任ということにし、鎌倉の自宅はわたし一人が管理することにした。しかし、未知の土地での経験を夫婦で共有しないのはもったいないので、わたしは札幌と鎌倉を一カ月ごとに行き来することにした。

このスタイルは、ほとんど悩むことなくすんなり決められた。もともと旅は好きなので、毎月の荷造り、航空券の手配、単身での飛行機移動などは全く苦にならない。これまでも、地縁や血縁に縛られず、旅をするように暮らしていきたいと思ってきたこともあり、旅暮らしのような二重生活は案外刺激的で楽しいかもしれないと肯定的にとらえる気持ちも沸いてきた。食器や衣服などを二つの住居のために分け、足りないものは買い足し、家電や家具はできるだけ費用を抑えるために中古や組み立て式のものを探し、怒涛のように札幌暮らしの準備を整えていった。

そしていよいよ初めて北海道の地に降り立つ日が来た。勤務開始に先立ち、数日間で住居を探すためだ。

そうやって約三年におよぶ、札幌との、そして北海道との付き合いが始まった。

海を越えていく北海道という土地は、自分にとってやはりある種の外国だった。そこでの生活は想像どおりのこともあったが、それ以上に思いがけない出会いや経験が次々と押し寄せてきた。北海道に対する想いも、予想もしなかった方向に変化していった。

本書は、そんな北海道初心者が経験した札幌での日々を、札幌を去ったのち、ほんの少しだけ熟成させて綴ったものだ。

道民には「あるある」が、北海道をあまり知らない人には「目からうろこ」が見つかるのではないかと思う。「期間限定」の住人だからこそどん欲に開拓した札幌近郊での楽しみもあるし、

「美しいもの」をきっかけとして深くかかわることになったアイヌ文化にもかなりのページを割いている。

北海道に縁のある人もそうでない人も、それぞれの目線で面白がっていただけたら幸いだ。

最悪の季節に住居探し

四月上旬の曇天の日。住居探しのため、初めて札幌に足を踏み入れた。

旅行にさえ出かけたことがなかった北海道。観光地としてとても人気があることは重々承知しながらも、やみくもに広い土地と、カニやメロンと、煉瓦造りの建物だけでは、とまったく魅力を感じず、おそらく一生行くことはないだろうと漠然と思っていた北の大地。当然ながら知識も土地勘もゼロ。首都圏とは気候も大きく異なるそんな土地で、できるだけ失敗のない家さがしをしなければならない。

もはや余計なことを考えているヒマはない。さっさとたくさんの物件を見て、数日以内に何が何でも決めてしまわなければならない。

住居は会社の社宅扱いとなるので、延べ床面積と賃料には上限があり、物件を紹介する不動産会社も会社が指定している。住居形態は、必然的にマンションだ。

幸い今はインターネットがあるので、事前に物件を検索し、不動産会社の担当者とメールで打ち合わせをしておくことができた。家族構成やライフスタイルに応じてどのエリアを狙うべきか、北国での住居選びではどんな点に気を付ければよいか、さまざまな口コミもネット上で読むことができた。

意外だったアドバイスは、マンションの場合、首都圏あたりでは人気物件となる最上階と角部屋は避けた方がいい、というもの。理由は「冬寒いから」。同じ理由で、一階が駐車場になっている物件の二階もNG。厳しい冬を温かく過ごすには、上下左右の部屋から温めてもらうのが得策、というわけだ。

またそのマンションのエントランスの向きも重要なポイントであることも知った。冬場の除雪状況が、往来の多い道とそうでない道とでは天と地ほども違うことがあるからだ。事実、契約したマンションの玄関前は大通りで除雪が比較的しっかり入ったが、ゴミ置き場がある裏側の道は除雪がなかなか入らず、車が通った後は、路面がぼこぼこ、ガタガタになり、歩きにくいことこの上なかった。その道に面して正面玄関があるマンションの住人はさぞかし大変だったことだろう。

さらに、冬の暖房費がかさむ北国では、電気、ガス、灯油など、どんな暖房システムを採用しているかも重要なポイントとなる。夏も涼しい北海道ということで冷房がない物件も多いのだが、近年の気象変化により、札幌あたりでは真夏に冷房なしでは辛いことも多く、そのあたりのチェックも欠かせない。

さて、四月といえば鎌倉では桜が咲き、春真っ盛りの時期だが、北海道の四月はおそらく一年で最も美しくない時期だ。不動産会社の担当者からは「物件を見て回るときには歩きやすい靴で来てください。大きな通りの雪はほぼ消えていますが。細い道の周りにはまだ雪がありますから」と事前に忠告を受けたが、実際そのとおりだった。街のあちこちには溶け残った雪があり、その周囲には水たまりがたくさんできていた。冬の真っ白な雪は美しいが、溶け残りの雪ほど見苦しいものはない。薄汚れた茶色い層がむき出しになり、冬の間何度も撒かれたすべり止めの黒い砂粒が大量に露出し、マナーの悪い喫煙者たちが雪の中に放り捨てたタバコの吸い殻が、周囲の雪をべったりとタール色に染めながらあちこちに姿を現す。限られた予算の中、なかなか気に入る物件に出会えず疲労が蓄積されていく中、寒々しい雲に覆われた空のもとでそんな光景を目にすると、こんな陰鬱な場所に住むのか、と心が沈んだ。花が咲き始めるのはまだまだ先。陽が射す気配は一向になく、溶け残りの雪の上を吹き渡る風は、まるで冷蔵庫の中から流れ出る冷気のようだった。

驚いたのは、同じ札幌市内でもちょっと場所が違うだけで気温や積雪がかなり違うということだった。札幌の中心地から十分ほど車を走らせ、山に近い西区へと向かった時、気温がはっきりと下がったのを感じた。残雪も明らかに多く、近くの山から風に乗って飛ばされた雪が舞っている。札幌ではお洒落な地域とされる円山エリアのある西区は転勤族にも人気だが、物件探しをしたのがそんな四月だったこともあり、我々は早々に候補から外した。

鎌倉で札幌に住むことになったと告げた時、「いいところでよかったね」という反応が大半だった。北海道が大好きで、旅行で何度も訪れているという人たちも少なくなかったし、「住んでみたい都道府県ランキング」などでも、上位に入ることが少なくない北海道は、道外者にとってかなりイメージの良い場所のようだ。

しかし、旅行者が北海道を訪れるのは、ラベンダーが咲き、青空のもとでの生ビールがおいしい夏場か、パウダースノーのスキーを堪能でき、「さっぽろ雪まつり」も開催される真冬など、観光に適した限られた季節だ。実際には、そんな短い「観光の季節」の間に、いつまでもだらだらと寒く、やっかいな雪との対峙を強いられる、長く憂鬱な時間があるのだ。

三日がかりで物件を探してもなかなかこれといった部屋に出会えない我々を見て、不動産会社の担当者は「いっそ発想を変えて、こんなのはどうですか」と、ひとつの物件を推してきた。銀行が所有している賃貸マンションで、地下鉄東豊線「さっぽろ」駅から徒歩五分、JR札幌駅からも、大きなバスターミナルからも徒歩圏という、中心部中の中心部にある中規模マンションだった。空いているのは十五階建ての十三階にある一室。道の反対側にはJR病院があり、南と西を向いた窓からは、高層ホテルがいくつも見え、有名な「さっぽろテレビ塔」もすぐ目の前。まるで旅行者が泊まるホテルのような立地だった。四月の札幌のもの寂しい雰囲気に辟易し始めていたこともあり、いっそのこと転勤という期間限定でなければ選ばないであろうこ

マンションからの眺め

んな住居で、地方都市の「アーバンライフ」を謳歌しようではないか、とその部屋を借りることにした。小さな部屋だが立地だけはホテルなみだから、旅するように暮らすというイメージにはピッタリだ。

約三年間の札幌暮らしを振り返った時、結果的にこの選択は正解だった。車を持たなかった我々にとって、駅やバスターミナルに近いという利便性はなにものにも代えがたかった。デパートなどのあらゆる商業施設、美術館やホールがすべて徒歩圏だったので、札幌中心部で開催されるイベントに気軽に出向くことができ、その結果、さまざまな出会いにも恵まれることとなった。吹雪の時に心細さを感じることもなかった。

しかし、実のところ、何にもまして心惹かれたのは、夜は美しい夜景をもたらす高層ビル群の背後に、いかにも北海道らしい姿の山々がしっかりと見えたことだった。藻岩山（もいわやま）、神威岳（かむいだけ）、手稲山（ていねやま）。これらの山々が朝に夕に見える爽快感は計り知れなかった。

北海道最大の都市でありながら、ちょっと中心部から外れるといきなり大自然が溢れかえる札幌という土地のありさまを、あの部屋では居ながらにして日々感じとることができた。天候によって、これらの山は見え方が変わったり、時には全く見えなくなったりする。山どころか、吹雪の時には目と鼻の先にあるさっぽろテレビ塔さえも見えなくなるという驚愕の状況も経験しつつ、夫とわたしは、驚き満載の三年間の札幌ライフを送っていくことになった。

札幌で自転車を買う

夫が勤務することになった札幌の事業所では、道外からの転勤者に自家用車の運転は推奨していない。もちろん、慣れない雪道での運転を憂慮してのことだ。わが家で車を運転するのはわたしのみ。地元鎌倉では毎日のように車に乗っていたが、雪国での運転は経験がないので、車を持つことは最初から念頭になかった。そのかわり、札幌では自転車を買うことにした。もちろん雪が降ったら自転車には乗れないので、夏場を中心とした期間限定の乗り物になるが、自転車があれば、重い荷物も運べるし、気候のいい時期にはサイクリングも楽しめるだろう。

引っ越しが無事終わった後、さっそく自転車を買おうと自転車店を探してみたが、札幌には「町の自転車屋さん」というものがほとんどなかった。一年のうち半分くらいは雪のため自転車には乗れないのだから当然といえば当然だが、自転車ショップといえば、ロードバイクを扱うマニア向けの専門店ばかりだった。

もう一つ、気づいたことがあった。それは、路上であれ、マンションの駐輪場であれ、街中に駐輪されている自転車がどれもみな厳重に施錠されていることだった。高価なブランド物だけでなく、学生が普段乗りするような廉価版の自転車もそうだった。自転車に付属している小さな鍵に金属製のU字ロックやワイヤー錠が追加され、二重にロックされているのだ。

こうした光景には見覚えがある。アメリカの大学のキャンパスだ。自転車の盗難が多い大学構内では、皆しっかりと自転車に施錠し、ワイヤー錠は、樹木やフェンスにがっちりとくくりつけられていた。盗んでも乗れないように、サドルや前輪を外して持ち歩く学生までいたが、そんな光景をほうふつとさせるほど施錠がしっかりされているということは、もしかして札幌では自転車の盗難が多いのだろうか。

そんな疑問を抱きつつ、まだ肌寒い五月の週末、ネットで検索した郊外型のチェーン系自転車ショップに出かけた。行きは地下鉄に乗り、帰りは購入した自転車に乗って戻ってくるという計画だった。駅から歩ける中で最も近くにある店舗を目指したのだが、「大通」駅から地下鉄東西線に乗り、七駅先まで行くことになった。そんな遠くまで行って、果たして自転車で戻れるのか若干不安だったが、とにかく店へと向かった。

対応してくれたのは、昔は結構ヤンチャだったという男性店員だった。札幌で目にした自転車の厳重な施錠について尋ねてみたところ、彼は得意げにこう胸を張った。

「自慢じゃないですが、北海道は自転車盗難率が全国一です！」

なんでも、サドルを外して川に投げ捨てるなどの「愉快犯」もいるそうで、サドルを盗られた自転車の持ち主は、さらに別の自転車のサドルを盗んで補充することなどもあるのだとか。なんたること。ある意味アメリカよりも危険かもしれない！

彼の言葉を裏付けるように、ロック器具の販売コーナーは、様々な商品が壁を埋め尽くす充実の品ぞろえだった。どれもかなり厳重そうだ。鎌倉では潮風で錆びた自転車に乗っていることもあり、自宅ではもちろん、スーパーで買い物をするときなども、付属の小さな鍵すらロックしないことがほとんどなのに。

それぞれのロックの特徴を雄弁に説明する店員の勧めに従い、内部に頑丈な金属の入った布製のワイヤー錠と、サドル用の鍵を購入した。そのワイヤー錠は普通の工具では切断できないので、一見丈夫そうな金属製のU字ロックよりもずっと安全なのだそうだ。

「その代り、鍵はぜったいになくさないでくださいね、なくしたら切断とかできませんから」

そう念を押された。

ロックの次は、自転車の後ろの荷台に取り付けるかごを購入することにした。しかし、つい先ほどまで豊富な商品知識と自らの体験談で大変に雄弁だったその店員は、後ろかごが欲しいというと、「あったかなぁ」と顔を曇らせた。これにはまたまた驚いた。

首都圏の場合、いわゆる「ママチャリ」に後ろかごはほぼデフォルトの装備だ。自転車で日用品の買い物に出かける場合、前後二つのかごがなくては話にならない。

これに対し、北海道では自転車の後ろかごというものは「相当にレア」なのだそうだ。雪のない時期にしか乗れないだけでなく、普段から車での行動が当たり前の北海道では「自転車で日常的に買い物に行く」という発想も習慣もないのだと知った。その後、駐輪場に停めてある自転車を観察してみたが、確かに後ろにもかごを付けている自転車はほとんどなかった。自転車ひとつからそんな土地柄の違いを知ることになるとは！

さらに、自転車は雪の時期の保管も考えておかなければならないと言われた。冬の間、自転車を外に出しっぱなしにしておくと、確実に雪に埋まってしまうそうで、この自転車店では、冬の間の自転車保管サービスも有料で行っていた。我々のマンションの駐輪場は、屋根つきの屋外タイプだったので、最初の冬は用心して室内に自転車を持ち込んだ。しかしひと冬様子を見てみたところ、除雪をしっかりしてくれる管理人に恵まれたこともあり、駐輪場内の自転車が雪に埋もれることはなく、二年目以降は冬も自転車は駐輪場に置いたままにした。

こうして無事に手に入れた自転車に乗り、マンションのある札幌駅方向へと向かった。帰路のサイクリングは、拍子抜けするほど楽だった。路面に起伏はほとんどなく、東京や鎌倉の細い道を、歩行者や他の自転車をかいくぐりつつ走行するのに比べると、歩道は広く、人も少ないのでとても乗りやすい。札幌駅の周辺でさえそうだった。途中通過した発寒・琴似川では、西側の山の眺めがたいそう美しかった。

以来、この自転車はなくてはならない足となった。スーパーへの買い物はもちろん、街の中心部へも自転車に乗ってよく出かけた。週末には、地元の人に言うと驚かれるほど遠くまでこの「ママチャリ」に乗って遠征した。

それにしても、札幌の人たちは、若者を中心として概して自転車の乗り方が荒く、そのうえ上手ではない。やはり基本的に車社会なので、自転車というものが日常の中に浸透していないからだろう。彼らのほとんどは、人の多い首都圏では自転車を乗りこなせないのではないかと思う。札幌駅周辺では「歩車分離方式」という、いわゆる大きなスクランブル交差点が多いのだが、歩行者信号が青になるやいなや、四方八方からから一直線に自転車が突っ込んでくるので怖ろしい。自転車同士がすれ違う場合には、互いに早めに頭を振り、どちら側にコースをとるかを相手に知らせるのが暗黙のマナーだと思っていたのだが、札幌ではめったにそうした配慮をする乗り手がいないので、コース取りが難しいのだ。歩道でも自転車は真ん中を堂々と走る。歩行者を避けるテクニックも未熟なため、他人事ながらハラハラすることもしょっちゅうだ。鎌倉に戻り、細い路地を自転車ですれ違う際、互いに速度を落とし、「すいません〜」と声を掛け合うとき、何よりもああ地元に戻ったなぁと実感した。

こんなに違う、札幌の花見

「花見期間は終わりました。バーベキューなどの火器の使用はできません」

これは、札幌に住み始めて一か月が経過した五月の下旬、札幌市民の憩いの場「円山公園」を訪れた時に見かけた看板だ。

北国の遅い春は、五月になってようやく訪れる。桜、梅、レンギョウなどが一斉に咲き始め、人々は野外へ、そして花見へと繰り出す。長い冬を耐えてきた人たちにとって、待ちに待った季節の到来だ。雪の季節にはほとんど見かけることのなかった飼い犬の散歩が頻繁に見られるようになるのもこの時期だ。

この掲示を見かけた一週間前、テレビのニュースは、花見をする人たちで賑わう円山公園の映像を繰り返し流していた。みな、それは楽しそうに野外での宴に興じていた。しかし「花見期間」とやらはどうやらもう終わってしまったらしい。あの賑わいからたった一週間しか経っていないのに、この日の円山公園は別世界のように人影がなかった。あれほど待ち焦がれ、特にこの年は遅れに遅れてやっと咲いた桜なのに、花見の時間はあっけなく終了してしまったのだ。円山の空はうすら寒い雲に覆われ、ガランとした地面の上をカラスが暇そうに歩いていた。

まさに「祭りの後」だった。

桜を取り巻く雰囲気が、札幌と首都圏とではかなり違うということを、札幌で暮らしてみて初めて知った。北海道ではソメイヨシノよりエゾヤマザクラが多いなど、樹木の種類が違うだけでなく、桜の咲く時期の空気感がまるで違うのだ。同じような桜が咲くのだから、五月の札幌は、関東地方で桜が見ごろの四月頃とだいたい同じだろう、とよそ者は思いがちだが、決してそうではない。北国ではたとえ夏場でも昼と夜の温度差が大きく、日が落ちると急速に冷え込む。何よりも札幌では街を取り巻く山にまだ雪が残っているので、吹く風はその冷たさを伝えてくる。空気の芯が冷たいのだ。その体感は、天気予報で表示される気温の数字では表せない。

そうした気候の違いが、どうやら北海道に独特の花見文化を開花させているらしい。

東京あたりでは、桜はもちろん昼間も眺めるが、なんといっても人気があるのは夜桜見物だ。とりわけ宴会は夜が主流で、上野公園などでは宴会の場所取り競争も熾烈だ。その一方で、コンロなどの火器は使用できないし、テーブルの持ち込みも禁止されているなど、制約も多い。花見客たちは、夜の地面に座り込んで、持ち込んだ冷たい食べ物と酒で花見を楽しむ。まあ、夜間はそれなりに冷えるとはいえ、ちゃんと防寒対策をしておけば、それでもなんとか楽しめる。

これに対し、北海道では「夜桜見物」も「夜桜の下での宴会」もない。円山公園をはじめとした札幌の花見スポットに、夜の桜を明るく照らすための提灯は見当たらない。理由はズバリ、寒すぎるから。札幌の花見の宴会は、暖かい昼間に行われるのだ。そして、絶対に欠かせないのが、ジンギスカンやバーベキューといった火を使った料理だ。通常は火器の使用ができない円山公園が、「花見期間」を設定し、その期間だけ火器の使用を認めているのはそのためだ。

翌々年、ゴールデンウィークのまっただ中に、ちょうど「花見期間」だった円山公園に出かけ、花見の宴会を楽しむ人たちの様子を覗いてみた。

すぐ近くの「円山動物園」でホッキョクグマの双子の赤ん坊が生まれたこともあり、周辺の道路は大混雑していたが、公園内は人でごった返すというほどではなく、みな思い思いの場所に陣取り、陽気に宴会を楽しんでいた。東京の殺気立った場所取りとは無縁の、のどかで、しかも妙に手慣れた雰囲気が漂っていた。

不思議だったのは、広々としていてバーベキューには向いているものの、桜の木が一本もない場所で宴会をする人たちもたくさんいたことだ。どうやら桜は敷地のどこかで咲いていればいいらしい。札幌の人たちにとって「花見の宴会」とは、桜の花を見るというより、桜が咲いたことを喜びながら屋外でジンギスカンやバーベキューを楽しむことのようだ。

どのグループももれなく火を熾して何かを焼いているので、公園中にいい匂いがたち込めている。方々から立ち上る煙で公園内は白くかすんでいて、確かにこれでは桜を見るどころではないかもしれない。

公園内では、管理事務所がコンロのレンタルまで行っていた。コンロ、炭、網、火鉢、うちわ、皿と割り箸、そしてゴミ袋がセットになったもので、これをレンタルすれば、食材を持ち込むだけですぐにバーベキューができてしまうというわけだ。公園の外には、牡蠣で有名な厚岸（あっけし）からはるばるやって来たトラックも停まっていて、バーベキュー用の海産物を販売していた。さすが北海道。公園内ではそれを買い、殻つきのホタテなどをしんみりと焼いて食べている男子学生グループも目にした。

外で楽しく活動できる時期が限られる北海道では、屋外で飲食をすることへの熱意が並々ならないと感じる。夏になるとあちこちでオープンする、ジンギスカンを焼きながらのビアガーデンは観光客にも人気で認知度も高いが、札幌に住むようになって初めて知ったのが、北海道大学の「ジンパ」だ。「ジンパ」とは「ジンギスカンパーティー」の略で、北大では、新入生の歓迎や、サークル、ゼミや研究室の親睦のために、大学構内でジンギスカンを焼いて食べるのが恒例なのだ。北大のキャンパスは札幌駅から徒歩圏で市民にも開放されている。何度か散策に出かけたが、敷地内を川が流れ、歴史のある巨木がこれでもかと生い茂るキャンパスは、並

花見期間の円山公園

みの公園以上に美しい。そんなところでジンギスカンをするのはさぞかし楽しいだろう。

最近では緑地保護のため、火器を使えるエリアが制限されるようになり、キャンパス内には「ここはジンパ禁止です」という看板も掲示されている。そもそもこの看板を見たことが「ジンパ」というものの存在を知ったきっかけだった。天気の良い初夏の日曜日に、実際に「ジンパ」に興じている学生たちを目撃したこともある。

桜の開花に象徴される、長い冬の終わり。

やっと活動的になれる季節の到来を喜び、はじける心。暖かい時期にできるだけアウトドアを楽しんでおこうという意気込み。東京のように人がひしめくことのない広々とした土地。そしてソウルフードのジンギスカン。

煙もうもうの札幌の花見には、北海道ならではの必然がぎゅっと詰まっている。

「チカホ」で出会ったアイヌ刺繍

　夫の転勤により、いわば強制的に札幌の地に足を踏み入れるまで、北海道には関心がなく、まったくの未知の土地だった。行く気にならなかった理由ははっきりしていた。北海道では、自分が求める「快楽」を得ることが難しいと感じていたからだ。

　快楽、というのはいかにも抽象的な表現で、その定義は人によってさまざまだ。流氷や湿原やラベンダー畑を見たり、北海道ならではの海産物を食べたり、やっぱり間違いなくおいしいビールを飲んだりすることを快楽だと感じる人も少なくないだろう。スキーや登山を愛する人たちにとっても、北海道は他の地域にはない特別な悦びを提供してくれる。雄大な景観やパウダースノーを求め、国内外からの旅行者がどんどん増えている状況もそれを物語っている。

　しかし、多くの人たちには魅力あふれる北海道だが、自分には決定的に足りないものがあった。それは人の営みに裏打ちされた美しさだ。音楽であれ、食であれ、伝統行事であれ、手仕事であれ、マナーや慣習であれ、長い年月をかけて醸成され、受け継がれてきた美しいもの。旅に出るのなら、そうしたものにも触れたい。たとえ南洋のビーチリゾートでのんびりリラックスするとしても、自然や歴史的な必然の中で時間をかけて培われてきた、その土地ならではの文化にも同時に触れられなければつまらない。

北海道には確かに雄大な自然があるが、自然というものは、人間を楽しませるために存在しているわけではない。人間の都合の外に悠々と広がっているもので、それ自体が文化ではない。だからこそ、時として人に牙をむく。自然の中に美はあるが美意識はない。また、ラベンダー畑や観光ガーデンなどの観光スポットは、近年になって作られたものだ。その美しさはたくさんの人を引きよせるが、いいことばかりではなく、北海道という土地への外来種の持ち込みが固有種の駆逐という問題を引き起こしていることも、北海道に住んでみて知った。

北海道に今のような形で人々が住むようになった歴史を考えれば、美意識を伴う文化が弱いのは仕方のないことだ。文化、特に芸術的なそれらは、ある種の特権階級、権力や財力を持つ者が安定的に存在し、需要を生み出し、支援や庇護を行うことによって発展するという側面を持つことは否定できない。明治になって、入植、開墾、企業誘致、欧米からの技術・教育支援という形で現在の姿が急速に作られた北海道にそれを求めることは難しい。

チューリップ、ツツジ、そしてライラックが咲く札幌の春は、確かに美しいだろう。けれども、それらは人為的で、土地に深く根ざしておらず、どこかとって付けたようだという思いを、わたしはどうしても消すことができなかった。北海道では「歴史的遺産」とされる煉瓦造りの建造物も、しょせん海外文化の移植ではないかと冷ややかに眺めていた。

まだ雪の残る寒々しい四月の札幌に初めてやって来て、住居探しに奔走しながら街を眺めた時、雲に覆われた雪溶け時期ということもあり、気持ちを盛り上げる要素を見つけることは難しかった。大通公園を見ても、時計台を見ても、サッポロビール園を見ても心は躍らない。札幌を大都会だと言う道民も多いが、かろうじて大都市らしい雰囲気を保っているのは中心部だけ。ほんの少しそこから離れただけで雰囲気は一変し、本州基準では到底大都会とは呼べない淋しげな光景が広がっていた。時期も悪かったのだが。

そんな中、新たな生活に必要なものを整えるため、リサイクルショップや量販店を駆け回って疲労困憊し、地下鉄「さっぽろ」駅と「大通」駅を地下で一直線につなぐ「札幌駅前通地下歩行空間」、通称「チカホ」をとぼとぼと歩いていた時のことだ。「さっぽろ」駅側出口のすぐ近くに、明るい光で内部が照らされた、二列に並んだ大きな四角い柱状の展示が目に入った。その大きな柱の両面には、アイヌ刺繍が施された紺色のタペストリーが掛けられていた。刺繍といっても、糸だけで模様が刺されているものばかりではなく、白い木綿布や古布を模様として全体に縫い付けているものもあった。ベースとなる大きな紺色の布地の上には、当時はそうした名前も知らなかったのだが、カパラミプ、ルウンペ、チジリといった技法により、渦巻きやひし形などの形状を組みわせた、素朴だが、なんとも言えない力強い美しさのあるアイヌ文様が生き生きと展開され、輝きを放っていた。

一目で心を奪われ、思わず涙が出そうになった。北海道に来て初めて美しいものを見たと思った。

それがアイヌ文化との最初の出会いだった。歴史が浅く、文化の香りも薄いと思っていた北海道。だがそれは「日本国」目線での話なのだ。北海道にはずっと昔からアイヌがいたではないか。そして生活の中から、こんなにも力強く、祈りに満ちた、美しいものを生み出していたではないか。沈んでいた心の中に灯りがともった。三年間の北海道暮らしでは、アイヌ文化を知り、本物のアイヌ工芸品にできるだけたくさん触れることを心のよりどころにしようと決めた。いたって自己中心的な動機ではあるが、自分勝手にそうさせてもらおう！

ゆっくりと、一つひとつタペストリーを見て回った。

「カムイチカㇷ゚　神鳥」、「バイカㇽエク　春が来た」、「イレスカムイ　火の神」、「コシラッキコㇿ　守り神とする」、「ケウトムピリカ　美しい心」など、それぞれアイヌ語のタイトルが付けられた作品が十数枚。タイトルも素敵だ。ちなみに、日本語とは全く異なる言語体系のアイヌ語には、本来文字がなく、カタカナでの表記はその音の近似値だ。所々小さな文字で表記されているのは、子音のみの音を表しているなど発音上の特徴への配慮らしい。

見れば見るほど惹きつけられるそれらのタペストリーを、いつ、どこで、誰が作ったのか、詳しく知りたいと思った。しかし、残念なことに作品に関する情報は全く示されていなかった。

新しい作品なのか、古いものなのかもわからなかった。新作、あるいは昔の意匠の復刻であるなら、制作者の名前が示されるべきだろうし、古いものなら、どの地方でいつごろ作られたものであるのかを知りたい。分からなければ「不詳」でもよい。博物館でもそうだが、「不詳」という事実からも知りうる事柄はある。展示コーナー脇の壁には、アイヌ文化についてのひととおりの説明があったが、そこにもタペストリーに関する情報はなかった。後日、これらの作品は、アイヌ刺繍のコミュニティでは名の知れた作家たちが札幌市の依頼によって作ったものであることが分かった。制作者名を掲示しなかったことについては市と制作者の間で事情があったようだ。

地下歩行空間のアイヌ刺繍展示

最初の札幌滞在は短く、札幌勤務が始まった夫を残し、わたしはいったん鎌倉に戻った。が、心の中はアイヌ工芸の魅力で一杯だった。自宅に帰ったらゆっくりとネットを検索し、北海道でアイヌ文化を知り、工芸品もたくさん見ることのできる場所を探してみよう。そして北海道にいる間、絶対にそうした場所を訪れようと心に決めた。

アイヌ文化の町、平取町、二風谷へ

初めての札幌滞在中に出会ったアイヌ刺繍に心奪われ、鎌倉の自宅に戻るや、北海道でアイヌ文化に触れられる場所を調べてみた。その結果、日高の平取町（びらとりちょう）にある二風谷（にぶたに）という地区には、町立の「二風谷アイヌ文化博物館」と、私設の「萱野茂 二風谷アイヌ資料館」という二つの施設があることが分かった。両所ともかなり充実した博物館のようで、アイヌ刺繍の施された着物や伝統的な装身具、そしてこれまた魅力満載の木彫りの道具類といったアイヌの手仕事をたくさん見ることができるだけでなく、その背景にある生活文化や世界観も学べそうだった。また、二風谷にはアイヌの血を引く工芸家もたくさん住んでいて、「匠の道」という、彼らの工房や店舗が並んでいる場所まであるという。そこに行けば、アイヌの伝統工芸品を実際に購入することもできるかもしれない。

次の札幌滞在中には、絶対に平取町に行こうと心を決めた。が、問題はアクセスだった。札幌から二時間程度で行かれそうな距離ではあるが、メジャーな観光地でもなく、人口も少ない平取町に列車やバスなどの公共交通で行くことはかなり難しそうだった。札幌には車がないのでレンタカーを借りるしかなさそうだが、まだ慣れない北海道の、様子も分からない場所にいきなり車を運転して行くというのはどうにも気が重かった。いったいどうしたものか。

しかし、信じがたい幸運が味方をしてくれた。

七月末に再び札幌を訪れた日、夫との夕食の待ち合わせ場所に出向くため「チカホ」を歩いていた時、通路の脇に、アイヌの工芸品をテーブルの上に何点か置いた、地味な臨時ブースが設けられているのが目に入った。なんと、それは平取町のPRブースだった。思わず吸い寄せられるように近づいた。

話を聞いてみると「平取町 文化的景観無料シャトルバス」として、札幌から平取町行きの無料のバスツアーが催行されるとのことだった。平取町は、アイヌの伝統と近代開拓による沙流川（さるがわ）流域の文化的景観により、二〇〇七年に、北海道で唯一の「重要文化的景観」に選定されている。このため、公的な助成を受け、平取町に委託された民間会社が町のPRのためにこのツアーを催行する運びになったというわけだった。

まさに天の助けとしか言いようのないこんな好機を逃がす手はない。その場で決断し、八月中旬の日曜日に催行予定の「チプサンケ（舟おろしの儀式）と沙流川景観の旅」というバスツアーに夫とともに参加することにした。どこに行くにも移動距離が長く、交通費も高額となる北海道だが、町のPRということで、バス代は無料。必要なのは昼食代千円だけという、信じられない条件だった。後から聞いた話では、平取町が「チカホ」にこのブースを出したのは、この日一日だけだったそうだ。こののち、札幌を別にすれば、北海道の中で最も深く関わる土地となった平取町、二風谷との縁は、最初から不思議な力で結ばれていたように思う。

待ちに待った、平取町に行く日がやってきた。

ツアーバスは、朝八時半に札幌駅北口ロータリーを出発した。参加者は全員札幌在住者だったが、それぞれバスや地下鉄に乗って集合する中、我々は徒歩十分ほどで札幌駅に行くことができた。この後、何度も参加することになる平取町へのバスツアーだが、そのたびにマンションの立地の良さが有難かった。

ツアーでは、「チプサンケ」というアイヌ伝統の舟おろしの儀式を見学し、その後、希望者は実際に舟に乗って沙流川を下るというアウトドアイベントがメインだった。アイヌの伝統的な舟は一本の木をくりぬいて作られた素朴な丸木舟なので、転覆の可能性もあり、泳げることが条件で、着替えの持参も必須だと事前に伝えられていた。

しかし、バスが高速道路に乗るや、外は豪雨となった。夏の北海道では決して珍しくない激しい気象だが、このまま雨が降り続いたら舟に乗るイベントはどうなるだろうか。バスが高速道路を下り、平取町へと入っても雨は降り続いた。

添乗員はバスの中で現地と連絡を取り続け、天候に合わせて急きょ予定を変更した。チプサンケに先立って、屋外の広場で行われる、アイヌの古式舞踏を見学することが予定されていたが、これがチセというアイヌの伝統家屋内で行われることになったため、観光客である我々までは中に入れなくなったとのこと。古式舞踏もチプサンケも、観光用に行われるものではなく、あくまでもアイヌの伝統に従った町の行事なのだ。古式舞踏鑑賞は、木彫り体験（アイヌの伝統模様を彫り込んだコースター作り）か、オヒョウの木の皮を使ったブレスレット制作体験のいずれかに変更になった。材料費は無料。さらに、どちらにも参加せず自由行動をしても構わないとのことだった。ならば、とわたしは自由行動を選び、念願の「匠の道」を訪ねてみることにした。実のところ、予定変更が伝えられた際、別の参加者からの「どちらも体験したくない人は？」という、いくぶん不機嫌な問いかけにより自由行動も可能となったのだが、こうした柔軟なスタンスが、一貫してこのバスツアーの魅力だった。

二風谷に到着すると、ツアー参加者は「二風谷工芸館」に案内された。中には地元の木工芸家が何人も待機していて、木彫り体験を希望する人たちの手厚い指導にあたった。ブレスレット作りを希望する人たちは、別の場所に移動した。

集合時間までは一時間半ほどあったので、まずは、工芸館の周囲に広がる「チセ群」を散策することにした。

工芸館の周辺には、コタンと呼ばれるアイヌの集落の様子を再現した場所があり、「チセ」というアイヌの伝統家屋が大小さまざまに建ち並んでいた。そのチセ群の周囲をゆっくりと歩いた。雨に濡れたチセは、しっとりと美しかった。「工芸のチセ」という札がかかった家屋の中では、アイヌの着物作りが実演されていたので、中に入ってみた。チセは素朴だが、内部は大変に堅牢な造りになっていて、中央には大きな囲炉裏がある。寒さの厳しい北海道の冬も、こうしたチセの中ならきっと安心だろう。実演をしていた女性によると、平取町は八割ほどの人がアイヌの血を引いているのだそうだ。予想以上の高い割合に驚いた。

次に、チセ群から国道を一本渡った先に伸びる、「匠の道」という、工芸家の店舗が点在するエリアに向かった。しかし、残念ながらいくつかの店舗は、店主が先ほどの木彫り指導に出かけていたため閉まっていた。アイヌの工芸品ならば、工芸館でも販売していると言われたので、急いで工芸館に戻り、夢中で品物を選んだ。まずはカツラの木に二風谷文様が彫られた小さなイタ（盆）を。そして、うず巻き（モレウ）、目を表すのだというひし形（シク）、棘（アイウシ）などの伝統的なアイヌ文様がチェーンステッチで美しく刺繍されたコースター、マタンプシ（鉢巻き）、テーブルセンターを買うことにした。これらが、この後たくさん収集することになる、アイヌ工芸品の最初の品々だった。

ツアー参加者は大勢いるのに、工芸館に並べられていたアイヌ工芸品の数はそれほど多くなかったので、品物は争奪戦になるのではないかと心配した。が、それは事情を知らない道外者の杞憂だった。意外なことに、こうした品物に関心を示すツアー客はほとんどいなかったのだ。

拍子抜けしたが、こうした状況こそ、アイヌ工芸品の北海道での受容度を象徴するものであったことを、徐々に感じとっていくことになる。

工芸館ではアイヌ関係の書籍も販売されていた。アイヌ文化を幅広く学べそうな網羅的な入門書を選んで買い求めた後、外に出ると、ポロチセ（大きなチセ）を会場として行われるカムイノミ（神に祈りをささげる伝統儀式）と古式舞踏を見学するため、外に設営されたテントの下に町民たちが列を作っていた。

チセの外には後ほど川に浮かべられる丸木舟が置かれ、その前にはイナゥという、直径数センチほどの独特の形状の長い木幣が何本も捧げられていた。白い木の上部がくるくるとカールするように削り出されているのが特徴的だ。

ツアー参加者は内部には入れないので、窓の外からそっと中をうかがうと、アイヌの伝統衣装を着た人たちの背中がたくさん見えた。せめて衣装だけでも近くで見たかったと残念だった。

チセにはいくつかの窓があり、その周囲には同じように中の様子を見守る人たちの姿があったが、舟とイナゥが祀られている側の窓の前には誰もいなかったので、そこに立つのは禁忌なのかと想像し、近くにいた地元の男性に聞いてみた。

「ああ、あそこは神様が通るところだからね」

彼はそう答えた。

「古式舞踏が見たかったら、九月の末にまたお祭りがあるから、その時に来ればいいよ」

そのまま、その男性はとりとめもなく話を始めた。アイヌの人々がどんな苦労をしたかという話だったが、まるで当たり障りのない世間話をしているような、穏やかでのんびりとした口調だった。それが逆に心に刺さった。

「シャモ（和人）はね、彫りの深い可愛い顔かたちのアイヌの女の子たちにね、そりゃあひどいことをしたんだよ」

「差別がとにかく大変だったんだから。結婚なんてもう、大騒ぎだよ」

「あんたもさぁ、彼（夫）がアイヌだったら結婚なんてする？」

当然結婚するわけない、と言わんばかり

二風谷のチセ

の彼の口調に驚くと同時に、そうした状況をそもそも想像さえできない自分に気づいた。それがアイヌの存在など心にかけることもなく暮らしている大多数の日本人とアイヌとの距離であり、アイヌにまつわる諸問題の難しさなのだと、この時心に刻んだ。

やがて集合時間になったので、指定されていたチセに集まり、地元産のたいそうおいしいヤマメの唐揚げとおにぎりを食べた後、バスに乗り、チプサンケの会場である河原へと向かった。

いつの間にか雨は上がっていた。初めて訪れた場所なのに、きっとカムイ（神）の力なのだろうと、自然に感じられた。

スリル満点の伝統儀式、チプサンケ

アイヌの伝統儀式、チプサンケが行われる平取町の沙流川（さるがわ）。

この川は、日高山脈の日勝峠のあたりを源とし、複数の河川と合流したのち太平洋へ流れ出る。総流路は百キロを超えるが、その中流域が平取町の市街地を流れている。かつて沙流川周辺の土地にはたくさんのアイヌのコタンが形成されており、その流域にはアイヌ文化にゆかりの様々な伝承地がある。川の名前も、元々はアイヌ語の「シシㇼムカ」といった。これらのことは、平取町、二風谷を繰り返し訪れる中で徐々に知るようになったのだが、初めて沙流川を目にしたこの日、わたしは沙流川の佇まいに一瞬で魅了された。川幅が狭すぎて風格を欠くこともなく、広すぎて海のように見えることもない、程よいスケール。水は、傾斜をそれほど感じさせない広がりのある土地の中を、何度もゆるやかなS字を描きながら、これまた程よい速度で流れていく。その雰囲気は、これまで見てきた本州のどの川とも違っていた。これが、北海道の川なのだと思った。

チプサンケが行われる河原の近くには大型バスは停められないので、我々ツアー客も、平取町民および近隣住民と一緒に、平取町が用意した小さなバスに分乗して河原へと移動した。

河川敷には、すでに丸木舟が何艘も並べられ、祭壇も準備されていた。イナゥも数本立っている。よく見ると、丸木舟の舳先にも小さなイナゥが立てられている。やはりイナゥは博物館で見るより、自然の中で眺めるのが厳かで美しい。

儀式のあと、希望者はヘルメットと救命胴衣を着用の上で舟に乗ることができるのだが、かなり水流のある川を下るため、転覆することもよくあるらしい。その場合は全身ずぶぬれになるし、自力で舟を起こして中の水をかき出し、再び乗り込む力が必要だとの説明があった。携帯やカメラも水没して壊れるおそれがあるので、持ち込みは危険だ。希望者は同意書にサインした後、さっそく身支度を整えていたが、わたしは見送ることにした。そういえば、町の送迎バスの座席がビニールですっぽりと覆われていたが、あれは舟が転覆してびしょ濡れになった人が乗り込んでくることを想定してのことだったのだ。

間もなく、儀式をつかさどる長が登場し、祭祀が始まった。

チプサンケというのは、古来より伝わる技法で作られた舟（チプ）に魂を入れるための進水の儀式だ。祈りの言葉を述べ、イクパスイ（捧酒箸）という棒状の祭具で、イナゥに神酒をかける。それにより、イナゥを介して祈りの言葉が神に届くと考えられている。イナゥは儀式が終わると神への捧げものとなる。イナゥは神には作ることができないもので、神が最も喜ぶ捧げものなのだそうだ。

イナゥの下には、鮮やかな緑色の草の束が置かれていた。エゾヨモギだ。先ほど工芸館で購入した本を参照したところ、アイヌはヨモギを食用とは考えず、もっぱら祭祀のために使用する、とあった。ヨモギは魔を払うもので、清めを目的とするらしい。

儀式が終わると、いよいよ舟を川へと下ろす。転覆のリスクが高いにもかかわらず、若者たちを中心に乗舟希望者は大勢いて、どの舟もあっという間に満員になった。舟に動力はなく、船頭が一人または二人付いて竿で舟を操る。丸木舟が次々と岸を離れ、静かに川を下っていく様は壮観だったが、最後の一艘は、進水直後にあっけなく転覆してしまった。学生たちが乗った舟はわざと転覆させることもあると後から聞いたが、あれもそうだったのだろうか。

舟を見送った後、舟に乗った人たちと合流することになっているチセまで、バスに乗らず歩いて戻ることにした。その途中にある二風谷の名所に立ち寄ってみたかったのだ。

まず通りかかったのが二風谷ダムだ。立派な施設で、水門の上は歩いて渡ることができる。二風谷ダムは、発電は一切行わず、川の水量を調整する治水だけを目的としたものだが、その建設にあたっては、アイヌの伝統文化が息づく土地にダムを建設することに対し、アイヌの人々を中心とした反対運動が起き、さらにはダム建設の差し止めを求める訴訟も起こされた。最終的にダムは作られたが、係争の過程で、国の機関が初めてアイヌを先住民族と認めるなど、闘争の意義は大きかったようだ。沙流川はサケも遡上するため、ダムには魚が通れる「魚道」が設けられている。現在、ダムの上流では遡上したサケが確認されているが、それでもなお、ダムを突破できない個体も多いだろうと胸が痛む。

ダムの周りは広々とした芝生の公園になっていて、雨上がりの川面から立ち上る霧と相まって美しかった。

ダムの先にあるのが二風谷小学校だ。学校名が記されているのは、やたらと立派な巨石だった。ふと周りを見渡すと、周辺には大きな石がゴロゴロと転がっていた。平取は名石の産地でもあるのだ。


さらに日高国道を歩き続けると、平取町の観光スポットの一つ「旧マンロー邸」への矢印があったので、立ち寄ってみた。清々しい杉並木を歩くと、ポツンと小さな洋館が建っていた。真っ赤な屋根に、白いサイディングの慎ましい木造建築。

この住宅兼診療所の主、ニール・ゴードン・マンローは、スコットランド出身の医師で、考古学、民俗学の研究者でもあった。二風谷に移り住み、アイヌの人たちと親しくなり、献身的な医療活動を行った人物だ。現在、この建物は北海道大学が管理しており、内部の見学には事前申し込みが必要なので、残念ながら中を見ることはできなかった。


旧マンロー邸からは、国道ではなく沙流川寄りの小道を歩き、チセ群に戻った。まだ少しだけ時間があったので、工芸館の奥にある公園スペースも散策してみた。滝があり、フクロウやサケの木彫りのオブジェが飾られ、沙流川も望める美しい場所だ。ここは紅葉の秋も、真っ白に雪が積もる冬も、それぞれ魅力的な景色となる。

ツアーでは、この後トマト農園に行き、ミニトマトの収穫体験も楽しんだ。平取町は、トマトの出荷量が全道一だということを、この時初めて知った。首都圏のスーパーでも、注意深く見てみると、平取産のトマト「ニシパの恋人」が時おり販売されている。

さらに真っ白な花をつけたソバ畑を車窓から眺めつつ向かった温泉で汗を流し、最後に地元の加工肉店と農協の野菜直売所に立ち寄り、ツアーは終了した。

アイヌ文化が息づく、美しい自然にあふれた平取町、二風谷。その土地に、チプサンケというダイナミックな儀式の日に初訪問できたという幸運に恵まれ、わたしはこの土地の魅力に心奪われた。平取へのバスツアーは、この後もさまざまな内容で定期的に催行されたので、約三年間の札幌暮らしの間に、数えきれないほどかの地を訪れることになった。

富良野、ニセコ、函館、知床、網走など、北海道と言われて人々が連想する有名な場所は数多い。しかし、わたしがどこよりも北海道らしい土地として真っ先に思い浮かべるのは、平取町、とりわけ二風谷だ。理屈ではなく、縁なのだと思う。

チプサンケは、毎年八月の下旬に開催される。そのたびに札幌からはバスツアーが催行されるのだが、翌年、たまたまチプサンケの時期に東京から札幌に遊びに来ていた母と妹を伴い、わたしと夫はまた同じバスツアーに参加した。そして、ついに舟に乗った。

この年、当日の天気は良かったが、前日に大雨が降り、川が増水していた。このため、舟に乗る場所は急遽上流側へと移された。現地に着いて水面を眺めると、水の流れは前年と比べて明らかに速かった。転覆の可能性も、例年以上に高いと警告された。転覆に備え、全身の着替えを用意し、水中カメラも持参してはいたが、現地の様子を見てわたしは躊躇した。しかし、水泳指導員の仕事をしている妹は「転覆しても大丈夫、むしろ面白い」と乗る気満々で、彼女に背中を押されるかたちで乗舟の同意書にサインをした。

丸木舟の大きさにはけっこう違いがある。大型で船底が平らな舟は当然ながら転覆しにくい。細い木をくりぬいただけの小さな舟は、陸上で見てもいかにも不安定だ。しかしこの日、大きな舟には他の参加者たちがわれ先にと乗り込んでしまい、先を越された我々は小さな舟に乗ることになってしまった。しかも船頭が足りなくなったため、他の舟にはみな二人いる船頭が、我々の舟だけ一人だった。しかも、あまり船頭経験がないという若者。

しかし、ベテランの船頭が配された大型の舟は、進水後まもなく転覆してしまった。意外な展開だったが、後から写真を見たところ、その理由が分かった。その舟に乗った年配の観光客たちは、遊覧船気分で景色を楽しむつもりだったのか、横向きに座ったり、舟に入ってきた水で服が濡れるのを嫌って中腰になったりしていた。

ベテランの船頭はこう言っていた。

「素人さんは舟が揺れると大騒ぎして体を動かすからダメなんだよ。そうするとますます舟は揺れるからひっくり返る。いいかい、絶対に動かず、じっと体を低くしていなきゃだめだよ」

半ば転覆を覚悟した我々は、このアドバイスを肝に銘じた。実際に舟に乗ってみて、ほんの少しの不用意な動きが転覆を招くことも実感した。我々が乗る舟は不安定な小さな舟であるうえに、船頭が一人しかいないので、乗るのは五人だけということになり、男性二人には「手伝って」とオールが渡された。


いよいよ川に漕ぎ出した！

水の上は怖かったが、同時にこのうえなく爽快だった。とはいえ、やはり水の流れは速く、ところどころで渦を巻いているので、一瞬の油断も許されない。流れに巻き込まれないよう流れの速いところは極力避けつつも、過度に逆らわないように操舵していく。難所は次々に現れるので、少しも気が抜けない。やがて水が深すぎて持っていた竿が効かないと判断した船頭は、前に座っていた男性からオールをもらい、早々とオールによるコントロールに切り替えた。そして、舟が回転したり、浅瀬に乗り上げて座礁しそうになるたび、オールを持っている夫に「右漕いで」「左でブレーキかけて！」などと指示を出した。途中、避けようとしていた速い流れに乗ってしまい、あっという間に先発の二艘を追い抜いたと思ったら、そのうちの一艘は後方で転覆していた。

それでも我々の船頭は、不測の事態にも冷静に対処し、次々に難所を乗り越えていった。船頭がオールを持ち替えるたびに舟がぐらつくので、思わず悲鳴を上げそうになったが、ベテラン船頭の言葉を思い出し、体勢を低くして堪える。写真を撮るために体の向きを変えても舟が揺れて危ないので、首にストラップを掛けたまま、最小限の動きだけで撮影した。当然、水中カメラでなければ話にならない。途中、岸の上にスタッフの姿が見えたが、手を振ることもままならなかった。

こんな細いところを通れるのか、と思うほど狭い最後の難所を通り抜けると、ついにゴールが見えてきた。しかし、着岸直前に舟が回転してしまい、船頭は「あ〜反対になっちゃった〜カッコ悪いけどこれで行っちゃえ〜」と叫びながら、艫（とも）を先頭にして逆向きにゴールさせた。この臨機応変な判断も転覆を回避できたポイントだった。

転覆しなかったとはいえ、舟の中には水が結構入っていて、いつの間にかズボンがかなり濡れていた。しかし、この日、続々と転覆する舟を文字通り尻目に生還できたことは、なんとも言えない達成感だった。

岸に上がった舟はさっそくクレーンで釣り上げられ、トラックの荷台へ。上流に戻され、この後三回ぐらい川を下るのだそうだ。

札幌最後の夏のチプサンケは予定が合わず参加できなかった。その年は、大雨によりチプサンケ史上初めて舟を出すことができなかったそうだ。

晴れ女の自分が行かなかったからかな。参加できなかった残念さもあって、ちらりとそんなことを思った。この思い出いっぱいのダイナミックなアイヌの伝統行事、またいつか参加することはあるだろうか。

チプサンケの丸木舟

驚き満載、札幌の酒事情

夫とわたしは自他ともに認める酒好きだ。いくらおいしい料理があっても、それに合わせた酒がなければつまらない。夕食時に酒は欠かさないし、旅行に行ったらその土地の酒を楽しみたい。シュノーケリングが好きなので、世界のあちこちのビーチに出かけたが、モルジブなど国民が飲酒をしないイスラム圏にはほとんど足が向かなかったし、唯一行ったマレーシアの離島も、やはり外国人観光客だけが飲酒ＯＫという雰囲気が好きになれなかった。そんな酒好きが当然気になったのは、新天地札幌の酒事情だった。

札幌といえばビール。中でも一番有名なのが「サッポロビール園」ではないだろうか。転居早々、自転車に乗って様子を見に行ってみたところ、広い敷地に特徴の異なる複数のレストランが点在し、大きな樹木もあって、予想よりはるかに魅力的な場所だった。ここにはいつかビールを飲みに来ようと思いながら、札幌での三年間にけっきょく機会は訪れなかった。

代わりに何度か行ったのが、大型商業施設「サッポロファクトリー」内の「ビアケラー札幌開拓使」だった。こちらはマンションから徒歩数分（ただし雪道でない場合）と至近。「サッポロファクトリー」も、「サッポロビール園」同様サッポロビールの工場跡地に作られた施設だが、

「サッポロビール園」ができた後も一九八九年まで現役の工場だったそうだ。中庭には工場時代を偲ばせる高い煙突があり、映画館やスーパーも入った近代的なショッピングビルと道路をまたいで連結される形で、古い煉瓦造りの建物も残されている。

札幌に来たばかりのまだ肌寒い四月に「ビアケラー札幌開拓使」で飲んだ生ビールは、噂どおりおいしかった。料理も北海道らしいものはひととおり揃っていて、いろいろな品種の道産ジャガイモを初めて食べ比べしたのもここだったし、キトビロとも呼ばれる行者ニンニクが北海道では春の山菜として広く愛されていることを知ったのも、ここでキトビロの天ぷらを食べたおかげだった。札幌初心者ではあるが観光客というわけではない我々にとって、「ビアケラー札幌開拓使」は、札幌の酒と食の手軽な入門場所だった。

新しい場所に住むことになった時、誰でもまず調べるのが日常的な買い物ができる場所だろう。子供がいれば学校。さらに病院やクリーニング店など。それに加え、わたしはマンションのすぐそばに、いつでも気軽に酒を飲みながら食事ができる店を見つけて安堵した。年中無休で毎日深夜十二時まで営業している「S庵」というそば屋だった。北海道では冬の生活が大変で、外に出られないほどの吹雪になることもあると、周囲の人々からさんざん脅かされたため、心配性のわたしは、冬になったらいったいどんなことになるのかと戦々恐々だった。このため、マンションの一階にコンビニがあっただけでなく、信号を一回渡って少し歩けばこのそば屋があることで、どんな悪天候になっても飢え死にすることはないだろうと安堵した。実際には、いくら猛吹雪の日でも、冷蔵庫の中には飢え死にしない程度の食糧は入っていたし、逆に、道が凍結してスケートリンクのようになった夜には、たった一ブロックであっても目的地に向かうのはかなりの怖しさであることも知ったのだが。それでもこのそば屋には数えきれないほど行った。札幌ならばほぼすべての店がそうであるようにおいしい生ビールがあるだけでなく、北海道産の日本酒もあったからだ。おまけに鎌倉あたりのそば屋のように夕方の六時、七時に閉店してしまうこともない。どんなに遅い時間でも安心して駆け込める、頼もしい存在だった。

S庵はそばの安さが売りものだったので、昼食時にはとても混み合っていたが、夜になるとだだっ広い店内に客はまばらで、のんびりとした雰囲気に変わった。店員は席のボタンを押して呼べばいいので、化粧が落ちていても、雪まみれの長靴を履いていても気にせずにすんだ。何より魅力的だったのは、酒の値段が驚くほど安かったことだ。国稀、北の勝といった北海道の地酒が、百ミリリットルと一合より少な目だが二百円前後だったのだ。本醸造だし、素晴らしい銘酒とは言えないが、信じられない価格だ。天ぷら、白菜漬け、煮卵、さつま揚げなどをつまみに、北海道の日本酒を気兼ねなく楽しみ、最後はそばで仕上げる。揚げ玉、ネギ、刻み海苔、炒り胡麻は取り放題だ。値段を考えると、味も健闘していて好感が持てた。大きな通りが交差する角地にあり、隣は大規模病院だったので、そこの職員、夜シフトのタクシー運転手、飲み会帰りの会社員などが入れ替わり立ち替わり来店した。札幌駅が近いので、仕事を終えた女性の一人客も少なくなかった。そんな多様な客の様子や、いつ聞いてももの寂しい警笛を鳴らしながら札幌駅を出入りする列車や、大雪の降る夜には道沿いに隊列をつくる大型除雪車を眺めながら、蛍光灯の素っ気ない光が照らす、やけに明るく健全な店内で、気ままな「宴会」を楽しんだ。家が近い安心感もあって気持ちよく酔いが回っていくあの時間は、札幌での暮らしの一部として記憶の中に埋め込まれている。

あのそば屋には、札幌に住居を持たなくなった今、旅行者として訪れることはないと思う。他人に勧めようとも思わない。それでもふと、あんなそば屋が鎌倉にもあったらと願ってしまう瞬間がある。札幌だからこそありえる店なのだと分かりつつ。

それにしても、札幌の人たちは実によく酒を飲む。最初にそれを実感したのが、札幌大通公園でアウトドアシーズン初のイベントとして五月末から六月にかけて開催される「ライラックまつり」だった。

「ライラックまつり」といっても、札幌一年目は春の訪れが遅く、ライラックはまったく咲いていなかった。しかし、そんなことはお構いなしに会場は賑わいを見せていた。そもそもライラックの木はそんなにたくさんはなく、誰も花のことなど気にしている様子はなかった。この祭りは、ライラックを愛でるというより、ずらりと並んだブースで北海道のおいしいものを買って楽しむのが趣旨のようだった。観光客もいたが、近くには大企業のオフィスもたくさんあるので、主に会社帰りの地元民たちで会場は大盛り上がりだった。

一番規模が大きく、集客もあったのは、道産のワインを集めた「ワインガーデン」だった。広場をぐるりと取り囲んだフードスタンドとワイン販売コーナーの中に、テーブルと椅子がたくさん用意されていた。

いろいろなワインをグラスで試すこともできるのだが、面倒くさいのか、ほとんどの人たちがボトルでワインを購入していた。会社帰りの夫と待ち合わせたわたしも、赤ワインのボトルを一本買った。空いている席をどうにか見つけて乾杯した時、わたしたちの前に座っていた会社帰りらしい初老の男性二人は、すでに二本目のワインを空にしようとしているところだった。とても仲が良さそうで、それは楽しそうに話に興じていたので、見ているこちらまで愉快な気分になった。チーズ、スペインオムレツ、アイスバイン、ベルギーソーセージなどをつまみながら、ワインを味わい、陽気に酒を飲む人々が醸し出す雰囲気に身を浸した。どのテーブルにももれなくワインのボトルが林立している様は壮観だった。東京あたりだったら、こういうイベントがあっても「グラスで」という人たちがもっとずっと多いのではないだろうか。

暗くなるにつれて人はどんどん増えていったが、関東地方だったらとうていい五月末とは思えない寒さに耐えかねて、我々はほどほどのところで退散した。

「ライラックまつり」のころから、大通公園では平日の昼間に芝生に座ってくつろぐカップルや女性グループが目につくようになる。散歩がてら、そんな人たちの様子を見ていると、女性グループの飲み物にビールや缶チューハイなどのアルコールが当たり前に混じっていることに気が付いた。すこし驚いたが、彼女たちは顔が赤くなることもなく、まるでコーヒーでも飲んでいるかのように、平然と話に興じていた。東京だったら、平日の日中に日比谷公園や代々木公園に「ママ友」が集まったとしても、アルコールを飲む人はほとんどいないように思う。たとえ飲みたいと思っても、周囲に気兼ねしてなかなか実行できないのではないか。

そんな環境に、自分自身が身を置く経験もした。

札幌で長年暮らしていた知人の女性が、自分が所属する札幌の語学学習グループのメンバーに声をかけ、ランチ会を企画して招待してくれたのだ。場所は、札幌駅近くの老舗ホテルにあるクラシカルなレストラン。出したばかりの新刊を紹介するための集いだったので、わたしはたくさんの自著を携えて指定された場所に向かった。

紹介された六名は、韓国語と英語の勉強会のどちらか、または両方に参加しているという、向学心溢れる品の良い女性たちだった。

ランチは自分で焼いて食べるアワビやキノコの前菜に始まり、桜マスのロールキャベツ、チキンと野菜の紙包み焼き、ジャガイモを使った珍しいきしめんと寿司、デザートのクリームブリュレと盛りだくさんだった。ドリンクも一杯付いていて、リストから選ぶようになっていた。ウーロン茶、オレンジジュースなどのソフトドリンクが並んだ一番下には、赤／白ワインの文字もあった。本来ならワインを飲みたいところだが、初対面の女性たちと一緒だし、招いてもらっている立場なので、自分だけアルコールを飲むわけにはいかないだろうと、ソフトドリンクから飲み物を選ぼうとしたとき、幹事の女性がこう切り出した。

「はい、赤の人は？　あとは白でいい？」

彼女は、それが当然と言わんばかりに、さらりとワインのオーダーを取りはじめたのだった。少々大げさかもしれないが、軽いカルチャーショックだった。自分はかなりの酒好きだと思っていたが、もしかしたら北海道ではごく普通なのだろうか？

ビールがおいしく、酒の値段が安く、酒好きがとても多い札幌。これは大変に喜ばしいことだったが、酒に関する驚きの経験はまだまだ続く。

平取町の「ニングルの森」へ

バスツアーを利用して初めて訪れた平取町、二風谷にすっかり魅了されたわたしは、二週連続でバスツアーに参加し、平取町に向かった。平取町には、町立と私立の二つのアイヌ文化関連の博物館があるが、今回のツアーでは、午前中に私設の「茅野茂 二風谷アイヌ資料館」を訪ね、午後は「カンカンガロウ」という美しい景観の清流の中を歩くことになっていた。

豪雨だった前週とはうって変わって好天に恵まれたこの日、バスの車窓からは広々としたトウモロコシ畑など、いかにも北海道らしい景色が望めた。日高地方に入ると牧場も多くなり、緑の平原に黒、茶色、白の牛や馬たちが、まるで絵画のように散らばっていた。その光景から目が離せず、窓に張り付いて写真を撮り続けた。競走馬の飼育で有名な日高なので、優美な姿の軽種馬も多かった。

何より感動したのが、細い小川のほとりで草を食んでいた野生のシカを目撃したことだった。たった一頭だけで、背中には白い斑点があった。初めて見た野生のエゾシカは、レンガ色の毛がとても美しい動物だった。この時期、シカの姿はなかなか見られないとのことで、大きな野生動物など見たことがない都会育ちには嬉しさもひとしおだった。

二風谷ダムの近くでは、バスに乗ったまま「ウカエロシキ」というアイヌの伝説が伝わる岩を見学した。それは親子のクマの形をしているとされる岩だった。その昔、アイヌに生活文化を教える「オキクㇽミカムイ」という神が、三頭の親子クマを見つけて矢を放ったが、いくら矢を射ても逃げ続けるクマを射止めることができなかった。神の矢を避けるとは何事か、と怒った神によって三頭の親子グマは石に変えられたという。なんだか少々理不尽に聞こえるが、ともかくそうした伝説の場所だ。しかしこの日、岩は木の枝葉に覆われていて形状を判別することはできず、岩の形は、木々の葉がみな落ちた冬に再び訪れた際に確認した。

札幌を出て二時間ほどで「萱野茂 二風谷アイヌ資料館」に到着した。

資料館の創設者である萱野茂氏（一九二六〜二〇〇六年）はアイヌ文化研究家で、自身もアイヌだ。研究者としての業績の他、一九九四年にアイヌ初の国会議員となり、一九九七年にアイヌ文化振興法を成立させたことでも広く知られている。研究者やコレクターが持ち出すことによるアイヌ伝統の生活民具の散逸を憂い、長い年月をかけて収集を行い、この資料館を一九七二年に創立した。現在は息子の萱野志朗氏が館長を努めている。

アイヌ関連の民具や衣装が展示された一階は素朴な造りで、それほど広くはないものの、収集品および展示のありさまから、どんどん散逸して消え去ってしまうアイヌの生活文化を何とか保存し、後世に残したいという情熱が感じられた。二階には、茅野氏が収集した世界中の民芸品が展示されていたが、生活民具に関心を持つ者は、世界のどこに行ってもそうしたものに惹きつけられるらしいと興味深かった。

一階部分の説明は館長夫人が行った。その話しぶりからも、アイヌの伝統文化の保全にかける熱意がまっすぐに伝わってきた。館内は写真撮影自由だったので、初めて目にする力強い魅力にあふれたアイヌの伝統的な品々を夢中で写真に収めながら説明を聞いた。

二風谷文様が施された伝統衣装「カパㇼミㇷ゚（カパラミプ）」が展示されていたが、これは萱野茂氏の妻の作であるという解説が付けられていた。館長夫人の説明によると、アイヌ関連の収蔵品が最も多いのは「北海道開拓記念館（現「北海道博物館」）」だそうだが、展示品にはいつごろのどこの物なのか何も説明がないものも多いとのこと。この資料館ではそうした説明を付けることを重視しているそうで、その方針に深く共感した。マタンプㇱ（鉢巻き）、テクンペ（手甲）など、刺繍が施された布ものは、ほとんどが萱野茂氏の妻の作だった。実際に使われていた古いものはもうあまり残っていないのかもしれない。

オヒョウの木の皮を糸状にして織られた「アットゥㇱ」の着物も、この日初めて目にした。儀式で使用する「イクパスイ（捧酒箸）」も何本か展示されており、前週のチㇷ゚サンケの儀式では細部がよく見えなかったこの美しい祭具を、仔細に見ることができた。アイヌの伝統衣装は、

「日高管内」「旭川」「鵡川」「静内」「長万部」「三石地方」といった地域ごとにケースに収められ、自由に引き出して見ることができるようになっていた。

資料館を見学した後、集合時間までのわずかな時間に、木工芸品や織物といったアイヌ伝統工芸品の工房兼店舗が点在する「匠の道」に行ってみた。前週は閉まっていた店も開いていたが、時間がわずかしかなかったので、資料館から一番近い工房に飛び込んだ。運よく店主の工芸家が作業中で、許可をもらって工房の写真を撮ってから、アイヌの木工芸品によく使われる、エンジュという貴重な木で作られた糸巻を購入した。その時は二風谷の工芸家について何も知らなかったのだが、そこは、二〇一五年に急逝してしまうことになる名工、貝澤幸司氏の工房だった。その糸巻は、わたしが所有する唯一の貝澤幸司作品となった。

昼食は指定された食堂で各自が好きなものを実費で食べるということだったので、名物だという、平取和牛のステーキ丼を注文した。塊で焼いてからスライスされた上等の牛肉の下には、全く辛みのないスライスオニオンと柔らかいレタスの千切りがたくさん敷き詰められ、白米はその下にあった。さわやかなサラダ感覚の洒落た一品で、薬味としてトッピングされたフライドガーリックとワサビも肉によく合っていておいしかった。

午後は、いよいよ沢歩き用の靴に履き替え、「カンカンガロウ」へと向かう。ここからは、平取の自然を知り尽くしている年配のガイドが同行した

「カンカンガロウ」というのはアイヌ語だ。「カンカン」は腸を意味する。曲がりくねった地形が腸に似ているのだそうだ。「ガロウ」は「両岸が切り立った岩肌」。地名を聞いただけで地形が分かるだけでなく、具体的で詳細な地勢用語を持っていたことからも、アイヌの人たちが自然にぴったりと寄り添って生きていたことがうかがえる。

「ハナレイの谷の強い雨だけが、カラクロアと呼ばれる」
「ヒロの風だけがカウアカニ・レフアと呼ばれる」

ふと、池澤夏樹の「ハワイイ紀行」で知った、ネイティブハワイアンたちが自然を表現する繊細で美しい言葉を思い出した。アイヌもネイティブハワイアンも、自然と共生してきた先住民族たちは、みな鋭い自然観察者だったのだ。

注意深いガイドは、ツアー参加者一人一人の足元をチェックし、ビーチサンダルなど滑りやすそうな靴を履いている者には、小さなカンジキのような形の、靴底に取り付ける滑り止めを配った。

今回のツアーの案内には、川の中を歩くので滑りにくい履物を持参するようにという注意書きがあったのが、実のところ、一体どのような靴なら大丈夫なのか分からず不安だった。川の水深は一五センチを超える部分もあるとのことだったので、濡れることを前提としたサンダルか、水の浸入をシャットアウトする長靴のどちらかだろうと推測し、わたしはトレッキングサンダルを準備して行った。これは正解で、滑り止めも不要だった。

舗装道路をしばらく歩いた後、林道に入ると間もなく「看看川」という字が当てられたカンカン川が見えてきた。

川へ降りる手前で、靴に滑り止めをつけるよう指示された。そして、ガイドに続いて薮を分け、道のない急坂を下ることになった。年配の女性たちからは、「ウソでしょう！」という悲鳴にも似た声が上がった。わたしも一瞬ひるんだが、なんとか無事に降りきった。

しかし、その先には想像以上の景観が待っていた。なるほど、これがカンカンガロウなのか！　川幅は五メートルほどだろうか。確かに曲がりくねっていて、水深は浅い。両側には、グリーンの苔に覆われた岩が棚状の美しい姿でそそり立ち、その上には眩い緑の木立が覆いかぶさり、水面に影を落としている。なんという美しさ！　こんな美しい場所を自分たちだけで独占とは、あまりにも贅沢だ。

参加者は、急坂を下りた苦労も忘れ、みな夢中で写真を撮った。そして興奮が鎮まると、川の中をゆっくりと歩き始めた。

どこまで行っても色彩は苔と下草と木立の緑、そして木の幹と岩が織りなす黒味を帯びた濃褐色だけで、その雰囲気はまさに「ニングルの森」だった。歩みを進めるにつれて、風景はどんどん変化していくのだが、そのどれもが魅力にあふれていた。

岸を歩ける部分もあったが、どうしても水の中に入らなければならない場所も多く、やはりこの沢歩きには長靴かサンダルは必須だった。水温は低すぎず快適だったので、サンダル履きの足を水に直接浸すのは心地よかった。

やがて橋が見えてきたが、橋の下にスズメバチの巣があるということで、いったん道へ上がり、再度川に降りた。手つかずの自然には美しさと同時に危険もある。よそ者がこうした場所に自分たちだけで無防備に足を踏み入れるのは危ないのだと肝に銘じた。さらに後日知ったのだが、カンカンガロウにはヒグマも多く出没するそうだ。それを嫌って近寄らない地元民も多いらしい。

夢のような渓流歩きは続いた。

川の中を素足でざぶざぶわたっていても、まったく寒くなく、足に水流を感じるのがたまらなく爽快だった。ところどころ、ガクッと深くなっているスポットが現われはじめたので、そこには踏み込まないよう注意しつつも、楽しいのでできるだけ水の中を歩くようにした。水しぶきもかなりかかるので、ひざ丈のトレッキングパンツは腿の上までまくり上げた。ありきたりの観光ツアーとは違う、野趣に富んだ体験だった。

清流の中には小さな魚がたくさん泳いでいた。ヤマメとドジョウがいるのだそうだ。それにしてもカンカンガロウ全体を包むように生育している苔の美しいこと。この苔をできるだけ傷めないように歩いてほしいと言われた。

三十分ほどで川幅が急に細くなっている地点に着いた。沢歩きの終点だった。名残惜しかったが、そこで折り返した。


平取町は本当に美しいところだ。それも、急峻すぎない優しい美しさだ。破格のスケールとか、見渡す限りの、といった、いわゆる北海道的な派手さや大きさはないが、その地に立つ人の心を包み込むような懐の深さがある。もっともっとたくさんの人に知られ、自然と共生する形でありのままの姿を愛する来訪者が増えるといい、と心から思った。

参加した平取町の無料モニターツアーもそうした可能性を探る試みだ。だから、税金を使って催行されているこうしたツアーに参加した者にはそれなりの責任があると感じる。少しでも平取について知る人が増えてほしいと願い、わたしはツアーに参加するたび、詳細なレポートをたくさんの写真とともに自分のブログに掲載した。

すべての行程を終え、参加者を乗せたバスが高速道路に入ると、間もなく空は真っ黒な雲に覆われ、激しい稲光とともに、視界が全くきかないほどの猛烈な雨になった。これが翌日から北海道のあちこちに被害をもたらすことになる荒天の始まりだった。沢歩きをしているときにこんな天候に見舞われず本当によかったが、こうした天候の激烈な変化もまた、北海道の気象の特徴でもある。青空ばかりの旅行パンフレットの写真からは伝わらない、厳しい自然が支配する土地だ。

間もなく、嘘のように雨は上がり、窓の外には虹が見えた。

カンカンガロウ

夏が終われば冬が来る

夫が勤務する札幌の事業所で、北海道出身の同僚がこう言ったそうだ。

「夏が終わればもう冬ですよ」

なにを極端なことを。ならば秋はどうなるのだ。北海道にだって秋はあるはずではないか。ほとんどの道外者はそう思うのではないだろうか。しかし実際に北海道で暮らしてみると、この言葉には若干の誇張はあるものの、間違いなく実感と真実が潜んでいることが分る。

札幌の夏はいったいいつ始まり、いつ終わるのか。天候は年によっても違うため、明確に定義することは難しいが、札幌の中心部に住んでいたわたしたちにとって、夏の象徴は大通公園で開催される巨大なビアガーデンだった。あのビアガーデンが始まると、ああようやく夏になったと感じ、終了すると、短い夏は終わってしまったと淋しい気分になった。大通公園ビアガーデンの開催期間は、七月二十日前後から八月十五日前後。夏休みの観光シーズンと重なっていることもあり、連日大変な賑わいを見せる。特に天気の良い週末ともなれば、一万三千席という国内最大規模の会場は、空席を探すのも大変な状況になる。ただし、期間中ずっと青空が期待できるわけではない。札幌の夏の天気は意外に不安定で、豪雨やにわか雨も多い。天候に恵まれず集客が振わない年もあるし、雨が降ったり止んだりを繰り返す天気に翻弄され、外席のテーブルをスタッフがやっと拭き終ったと思ったらまた雨に見舞われる、という日もある。

大通公園のビアガーデンが終了するころ、北国には秋の気配が忍び寄るが、本州はまだお盆休みの真っただ中だ。高速道路は帰省や旅行で大渋滞し、プールも海もまだまだ盛況だ。一方、がらんとした大通公園には、夏の終わりを宣告するかのように肌寒い風が吹く。もちろん、ビアガーデンを境に天候が一変するわけではなく、八月下旬から九月にかけても気温が高くなる日はあるのだが、それも陽の射す短い時間のみで、夕方が近づくとあっという間に気温が下がる。間もなく学校も始まるし、夏はやっぱり終りなのだ。

そんな短い夏の終わりを淋しく思う気持ちに追い打ちをかける驚きのできごとがあった。ビアガーデンが終了した日にテレビをつけていたら、なんとスノータイヤのCMが流れたのだ。真冬の映像を八月の半ばに目にするなんて、まさしく衝撃の体験だった。いくらなんでも気が早すぎるのではないか。しかしこのCMは確信を持ってオンエアを開始したらしく、この日を境にかなり頻繁に目にするようになった。スポーティーな雰囲気のアップテンポのCMソングをバックに、雪の難所として知られる北海道の峠を疾走する車が映し出され、続いてアップになったタイヤが真っ白な路面をがっちりグリップして止まる。いわく「北海道実証」。「氷に負けてはいられない」というキャッチコピーも勇ましい。どこからどこまで真冬だった。

それだけではない。冬タイヤのＣＭ放映と前後して、テレビの道内ニュースでは、家庭用除雪機の購入予約が開始されたことも伝えられた。まさしく夏が終わったらすぐに冬。少なくとも人々の備えという意味ではそうらしい。

季節が進んでからも驚きは続いた。九月下旬に、ニュース番組が大雪山に初めて雪が降ったことを伝えたときのことだ。九月に初冠雪という早さに驚いていたら、なんとアナウンサーはこう言ったのだ。

「う〜ん秋を感じますねぇ」

初冠雪が秋？　雪といったら連想するのは冬ではないのか。北国では初冠雪で秋を感じるのだろうか。たしかに初冠雪程度で冬を感じていたら、一年の大半は「冬」ということになってしまうのかもしれないが。

夏が終わった途端に冬の訪れを意識し始めなければならない北海道では、アウトドアスポーツの環境も全く違う。鎌倉ではテニスクラブに所属し、季節に関係なくテニスを楽しんできたので、札幌でもテニスを続けられないものだろうかとコートを探してみた。しかし、会費の高いインドアのテニスクラブに入会するのでなければ、テニスを通年楽しむのは難しそうだった。

札幌に転居したばかりの五月の半ば過ぎ、自転車に乗って中島公園に行ってみた。その際、偶然テニスコートを見かけた。アンツーカーのコートが六面あり、たいそう賑わっていた。利用について尋ねてみたところ、札幌テニス協会が運営している施設だそうで、所定の手続きで入会は可能だが、コートの利用は五月初めから十月末までだとのこと。つまり、一年の半分は使えないのだ。もちろん雪のためだが、雪解けが遅れればコートのオープンも遅れ、降雪が早ければ閉鎖も早まる。この年は、ちょうどその日がコート開きの日だったので、予定よりもずいぶん遅れたことになる。結局、札幌テニス協会に入会はせず、中島公園でテニスをすることはなかった。札幌市東区にあるモエレ沼公園では何度かテニスをしたが、これも天候の良い夏から秋にかけてのみ。市のホームページでは、テニスコートの利用期間は四月二十日から十一月二十日までとなっているが、もちろん雪がなければ、という条件付きだ。

道内のニュースや新聞では毎年必ず取り上げられるのだが、北海道の子供たちの運動能力は予想外に低い。平成二十七年に文部科学省が実施した「全国体力・運動能力調査」では、小学生が四十七都道府県中四十四位。中学生に至ってはなんと最下位だった。ウィンタースポーツを中心に有名選手を輩出している北海道なので、子供たちもさぞ運動が得意だろうと思いきや、さに非ず。豊かな自然が広がる環境からは、野山を駆け回る野生児を連想しがちだが、雪の多い厳しい自然は子供たちを家の中にこもらせ、広すぎる土地は車での移動を常態化させている。一部のスポーツエリートを除き、スポーツやエクササイズに親しむ人が多い土地では決してないというのが実感で、自分自身を振り返っても、札幌にいる時期と鎌倉にいる時期とでは、札幌にいる期間の運動量は明らかに少なかった。特に冬場はテニスができなかったこともあり、大差がついた。

日本のどこに行っても秋を象徴するものといえば紅葉だろう。札幌市周辺の紅葉の見ごろは十月だが、この時期、周囲のちょっと高さのある山はすでに白く冠雪している。午後になると現れて青空を覆い隠す雲は、雪をもたらしそうな灰色のグラデーションで、見るからに冷え冷えとしている。実際、十月ともなればいつ空から雪が舞っても不思議ではない。秋には冬の始まりが重なり合い、時に秋を圧倒する。

そんな北海道なので、短い夏はもちろん、好天に恵まれ、外での活動を楽しめる春や秋の日は貴重だ。鎌倉では真冬でも外で思いのままに好きなことができていたので、それはことさら身に沁みた。

そういうわけで、札幌で暮らしていた時期、天気が良い週末にはできる限り外を歩こうと、思い立ったらすぐに行かれる近場を中心に貪欲に出かけることとなった。

「モエレ沼公園」で四季を遊ぶ

「モエレ沼公園」は札幌市東区にある、札幌市が運営する広大な公園だ。その名前はなんとなく耳にしていたが、札幌の住まいからは少々離れていたのでしばらくの間は縁がなく、初めて訪れたのは、キャンピングカーで北海道旅行を楽しむ途中で札幌に立ち寄った友人家族に連れられてだった。札幌に来たらこの公園にはぜひとも行ってみたかったのだそうだ。住民よりも旅行者の方がその土地の名所についてよく知っているということは珍しくない。

「モエレ沼公園」は、ごみ処理場だった土地を公園として再生させ、二〇〇五年にオープンした。基本設計は、世界的な彫刻家のイサム・ノグチによる。

何の予備知識もなく訪れたモエレ沼公園は、伸びやかで個性的な、魅力に富んだ場所だった。北海道ならではの広々とした敷地の中には、幾何学的な形状のいくつもの人工の山、水路、噴水、建造物がゆったりと配されている。自然と芸術性の調和が素晴らしく、他のどんな場所とも似ていない。敷地内のあらゆる設計に意外性と、同時に爽快感があるのだ。有名な建築家が設計したからといって必ずしも良いものになるとは限らず、むしろ周囲と調和のとれない独りよがりなものになることも少なくないが、モエレ沼公園のランドスケーピングは、前衛に走りすぎず、自然とのバランスが絶妙だ。基本的な設計思想に、自然への畏敬が感じられる。

広い敷地の中で、真っ先に目を引くのが「モエレ山」だ。人造の山だが、平らな地形の東区唯一の山だそうで、札樽自動車道からもその姿を望むことができる。高さは五十二メートルしかなく、十分ほどで誰でも簡単に登れるのだが、その巧みな造形により、登っていくときには山と空しか見えなくなり、まるで自分が宇宙の一部になって天上へ向かっているような不思議な体感を味わえる。山頂からは札幌市内が一望できる、遮るものが何もなく、風が強く吹き付ける日が多いのだが、素晴らしい眺望に惹かれ、公園を訪れるたびに登らずにはいられない。初めて訪れたこの夏の日、モエレ山は緑の芝に覆われた巨大な緑色の円錐だったが、冬は真っ白な雪山に変わり、そりやスキーなど楽しい雪遊びの場所となる。

公園の敷地は自転車で回るのがちょうどいいほどに広い。最初の訪問時には、モエレ山に登った後、もう一カ所だけ、モエレ山とならぶランドマーク、「ガラスのピラミッド」に行ってみた。これは全面がガラスの巨大な屋内施設で、中に入ると足元の通風孔から冷気が出ていた。雪を活用した自然エネルギーの冷房システムが導入されているのだ。

ガラスのピラミッドの魅力は、遠くから建造物として眺めているときより、実際に内部に入ってみてこそ実感できる。ガラス張りの建物内には外光が明るく差し込み、居ながらにして公園を一望できる。モエレ山も全貌を捉えることができ、山頂に立つ人たちが小さな黒い粒のように見える。中にはレストラン、ギャラリー、ショップもある。エレベーターで屋上に上がってみると、ちょうど夕刻だったので、茜色に染まった広い空とダイナミックな形状の夏雲が劇的に美しかった。

初訪問にして、モエレ沼公園にすっかり魅了された。そしてここには立派なテニス施設があることも知った。

晴天に恵まれた九月の週末。ふとモエレ沼公園でテニスができないだろうかと思い立った。公園管理事務所に電話をしてみると、札幌市の利用登録をしていないので予約はできないが、今現在十五面のうち五面が空いているので、直接来場すれば利用できるとのことだった。料金は札幌市の規定により一時間六百四十円。信じられない安さだ。

これは行くしかない！と、夫と二人、朝の八時半に自転車でマンションを出発した。マンションからモエレ沼公園までは、自転車で片道一時間ほどかかる。風の強い日だったが、ウォーミングアップを兼ねた爽快なサイクリングとなった。適当に道を選びながら北東方向に進むと、モエレ沼公園に続く道道「伏古拓北通」の両側に広大なタマネギ畑が広がっているのが見えた。ちょうどタマネギの収穫時期で、畑を梳いてタマネギを掘り出し、それを巨大なかごへと集めていく、大型の農業用車両「ハーベスター」があちこちで稼働中だった。機械の収穫から漏れた小ぶりのタマネギは、歩道のすぐ近くにもたくさん転がっていた。畑の横にあるタマネギ専用倉庫には、収穫されたばかりのタマネギがぎっしり詰まったコンテナがうず高く積み上げられていた。この大量の道産タマネギが全国の八百屋やスーパーに並ぶのだ。そんな風景も初めてなのでわくわくした。ただし風が吹くと、畑からは尋常でない量の土埃が吹き上げられてきた。

モエレ沼公園のテニスコートはきれいなオムニサーフェスで、シャワーや休憩スペースも完備した立派なクラブハウスまであった。翌年の夏に行ったときには、全道から集まってきたジュニアの大きなテニス・トーナメントが開催されていた。

しかし、なんといってもこのテニスコートの魅力はその景観だ。どこコートからもモエレ山が一望できるのだ。

コートでプレイしている人たちは、みななかなかの腕前だった。グループでコートを使っていた中年のプレイヤーたちも上手だったし、隣のコートにいた若い男女は、民間のテニスクラブでアルバイトコーチくらいなら十分務まりそうなレベルだった。一年を通じてテニスを楽しむにはそれなりの手間も費用もかかる北海道では、プレイヤーたちの気合が違うのかもしれない。それにしても、これほど天気の良い秋の週末に、十分に整備されたコートで安価にテニスができるにもかかわらず、空いているコートがいくつもあることに驚いた。

二時間たっぷりと札幌での初テニスを楽しんだ後は、もちろんモエレ山に登った。

モエレ沼公園では、この後も何度かテニスをした。が、それを上回る回数、繰り返し楽しんだのは冬のそり遊びだった。


モエレ沼公園では、一月初めから三月初めにかけて、歩くスキー、そり、スノーシューといった冬の遊具を貸し出す。雪国初心者にとって、雪は脅威であるのと同時に、新鮮な遊びの対象でもあった。一月下旬のある晴れた日、前日にけっこうな量の降雪があったので、白一色になったモエレ沼公園で雪遊びをしようと出かけてみた。夏場は自転車で行かれたモエレ沼公園だが、冬は地下鉄東豊線と、それほど本数のないバスを乗り継いで行かなければならなかった。

モエレ沼公園のあるあたりは札幌駅周辺より雪が多く、公園内も周辺の道路も期待どおり真っ白な新雪に厚く覆われていた。バスを降りると、モエレ山は冠雪した富士山のてっぺんのような姿で光を受けて輝いていた。山の表面には人の姿とともに、そりやスキーによってつけられた無数の直線、曲線が見えた。遠くに動物の足跡も見える雪道を歩いてまっすぐに山に向かい、まずは雪に膝までずぼずぼ埋まりながら山頂に登ってみた。夏場は斜面に設けられた階段やスロープを登って頂上に向かうのだが、それらは雪によって完全に覆い隠されている。冬場は「登山ルート」を自由に決められるのだ。目の前にあるのは、まじりっけなしに白い山。背後に見えるのは、薄い雲が浮かんだコバルトブルーの空だけ。幻想的とも言えるその光景に心が震えた。たいして大きくもないこの山が、まるでこの世のすべてのように巨大に感じられるのはなぜだろう。つくづく優れた設計だと思う。

頂上からの眺めも、夏場とはまた違って素晴らしいものだった。はるか遠くに、冠雪した山脈が何重にも見える。その手前には、ひたすら平らな、真っ白な広い土地。山のふもとにあるテニスコートももちろん冬は雪の下だ。視線を斜面に転じると、スキーウェアを着たティーンエージャーたちがそりを引っ張りながら上がってくる。小さな子供たちは、フェンスで覆われたそり専用ゾーンで安全に遊んでいるが、それ以外のエリアも自己責任で自由に滑走してかまわないようだ。人も少なく、障害物もなく、長いコースを自由に作ることができるなんて、夢のように楽しそうではないか。よし、さっそくそり遊びをしよう。

ガラスのピラミッドに行き、冬の遊具貸出所でそりを借りようとしたら「歩くスキーですか？」と聞き直された。雪国ではそりなどで遊ぶ大人はいないのだろう。しかしこちらは雪遊び初心者。そんなことにはお構いなくそりを借り出した。料金は二時間で二百円。ホームセンターなどで売られているペラペラのプラスチック製ではなく、しっかりとした厚みのある立派なものだ。貸出所では、山頂近くは傾斜がきつく危険なので山の中間あたりからスタートしてくださいと言われた。

わくわくと山に向かう。そりを引っ張りながら山を登るのはけっこうな運動だ。体はあっという間に温まる。これを毎日のように繰り返せば、ジムなどに通う必要はないかもしれない。

言われたとおり山の中腹からそりに乗って滑り降りてみた。

その爽快なこと、楽しいこと！

体の傾きでスピードを調整しつつ、そりについているロープを引いてコース取りをする。山のどこを滑り降りても構わないので、できるだけ長く滑走できるよう平らな部分を探しながらそりをコントロールする。同じコースを繰り返し滑って雪を固め、自分だけのそりコースを作り上げていく。徐々にかなりのスピードが出るようになるが、麓は傾斜が緩やかなので、自然に停止する。危険はほとんどないので、できるだけ止まらずに滑走距離を伸ばすことが目標となる。長い距離を止まらずに滑走できたときにはかなりの達成感を味わえる。さあもう一度滑ろうと山を登りつつふと横を見ると、飼い主と一緒に散歩中の柴犬が、目を輝かせながら元気いっぱいに雪をかき分けて山頂を目指していた。

雪を巻き上げながら滑り降りていくと体は雪まみれになるが、北海道の雪はサラサラのパウダースノーなので、叩けばすぐに落ちる。服や靴の中に雪が入ることさえなければ、体が濡れることはない。

雪のモエレ山

　こんなにも楽しく、ダイナミックにも遊べるそり滑りだが、周りを見ても遊んでいるのは子供ばかりで大人の姿はほとんどなかった。雪国の大人たちは、本格的なウィンタースポーツではないこんな子供の遊びに興味はないらしい。しかし、モエレ山に限っては、そり滑りは大人でも十分楽しめると思う。実際、わたしのブログでモエレ山のそり遊びの様子を知ったスポーツインストラクターの友人は、札幌にやって来た際、どうしてもモエレ山でそり遊びをしたいとリクエストしてきた。そして、そりを借りられる二時間目いっぱい、スリル満点のスピードでそり遊びに興じ、実に楽しそうだった。スキーほどの装備も道具もいらず、自分の足で登って自由に滑走し、雪と楽しく戯れることのできるそり滑り。これほど手軽で愉快な冬の娯楽はあるだろうかと、雪とは無縁の地域から来た者は思うのだが、札幌の友人、知人に話しても、モエレ沼公園でのそり遊びを知らない人がほとんどだった。

札幌を引き払って鎌倉に戻ったとき、冬でも雪の心配がなく、雪のない道をずんずん歩けることに心からほっとした。しかし、ふと、銀色に輝くモエレ山の姿と、雪を蹴立てながらそりで疾走する体感を思い出すと、たまらない懐かしさに捉えられる。旅行者として札幌を訪れるとしても、わざわざそり遊びのための装備を持参することは、もうきっとないだろう。

そう思うと、その気になりさえすればあの体感が自分のものになる札幌の住人たちへの羨望が、じんわりと湧き上がってくる。

「狸小路」にある食の強い味方

札幌市の住所表記は「条丁目制」を採用している。市の中心部の道路はほぼ碁盤の目状に作られているので、住所の数字を見ればおおよその位置を推測できる。南北方向の位置を示すのが「条」で、東西に伸びた大通を起点とし、大通より北に向かって北一条、北二条と数字が大きくなり、南側は南一条、南二条と同様に数字が進んでいく。東西の位置を示すのが「丁目」で、東と西を分ける「ゼロ起点」は創成川。川より東に向かって東1丁目、東2丁目となり、西側は、西1丁目、西2丁目となる。ちなみに札幌駅は北六条西4丁目、北海道大学は北八条西5丁目、大通公園は大通西1丁目から大通西12丁目まで伸びる。交差点にある信号機にも「北3西6」のような表示がついている。

大通の北側には、北海道庁、大企業のオフィスビル、新聞社、大規模ホテルなどが整然と並んでいるが、南に行くにつれて繁華街的な雰囲気が濃くなる。札幌を代表する歓楽街「すすきの」は、正式な住所名ではないが、すすきの観光協会によると、南北は南四条から六条にかけて、東西は西2丁目から西6丁目にかけてのエリアとされている。

このすすきのに隣接する南二条にあるのが、「狸小路商店街」だ。

札幌に住むようになってすぐ、札幌の中心地をひととおり巡ってみた。その一環として、この有名な狸小路も訪れてみた。商店街はアーケードになっていて、雨でも雪でも関係なく歩けるのは便利だと感じたが、最初の印象は決して良いものではなかった。パチンコ店、ゲームセンター、ラーメン店、居酒屋、ドラッグストア、食品や靴などの量販店、定番の北海道土産の店などが立ち並ぶ通りには、どぎつい色彩が氾濫していた。騒々しく猥雑な雰囲気からは、やはりすすきのとの近さが感じられた。どこに行っても外国人観光客が急増中の札幌だが、とりわけ狸小路にいる外国人は、中国や東南アジア方面からの団体客が多い。日本の修学旅行生も多く、彼らが大勢で道をふさいでいるときには歩きにくいことこの上ない。

狸小路がどういう場所なのかおおよそ分かり、おそらく今後はあまり行くことはないだろうと思った。しかし意外なことに、三年間の札幌暮らしの中で最も頻繁に通ったのが狸小路だった。理由は商店街の中に一カ所、突出して便利かつ魅力的な場所があったからだ。

狸小路商店街の5丁目には、北海道の農産物を購入でき、同時に北海道の様々な料理も楽しめる場所がある。野菜を中心とした北海道産の食品を販売する「マート」部門と、北海道各地の特徴的な料理を提供する店舗が集まったフードコート「イート」部門が隣接する形で合体した店舗だ。まるで二世帯住宅のように、この二部門は内部で行き来することができる。

「マート」には、その時期の旬の野菜が並び、時には近くの農家が運んできた朝採り野菜の店頭販売も行う。農業王国北海道では、どのスーパーに行っても北海道産の野菜がどっさり並んでいるのだろうとよそ者は想像しがちだが、必ずしもそうではない。北海道産だけでは、収穫時期でない野菜は姿を消してしまうし、価格や仕入れられる量などが店側のニーズと合わないこともある。このため、道産野菜だけを買うというのは意外に難しいのだが、狸小路に行けば北海道産の新鮮な野菜を好きなだけ買えた。

そこで、冷蔵庫の野菜室が淋しくなると、自転車を飛ばして駆けつけるようになった。野菜だけでなく、ひき肉やスライス肉などの道産の肉類、豆腐、卵、漬物、油揚げなども充実しており、瓶詰や豆菓子などの加工食品もある。ジャガイモだけでも数種類が常時並び、このショップ以外では見かけることのなかった「ピルカ」という、見かけはメークインに似た、甘くてすぐに火の通るジャガイモは途切れることなく買い続けた。ホースラディッシュに似た山ワサビや、珍しい食感の菊芋に出会ったのも、北海道では時期になると良質な百合根が安価に出回ることを知ったのもここだった。もちろん北海道の野菜を代表するトウモロコシとアスパラガスも、夏になるとどっさりと入荷する。トウモロコシは生でも食べられる白い「ピュアホワイト」や甘みの強い「ゴールドラッシュ」など、複数の品種から選んで買うことができる。

また、北海道でも太く立派なものは高価なアスパラガスも、新鮮なものを他より安く買うことができた。果樹栽培で有名な仁木町で採れたサクランボ、プルーン、スモモなどの果物もおいしかった。

旬のものしか販売しておらず、入荷する数量も日によって違うので、欲しいものが常に手に入るとは限らないが、頭をからっぽにしてとにかく店に行き、まるで宝探しのように、その時々で勢いがあっておいしそうな野菜を探しだし、手に入ったもので献立を考えるのは楽しかった。札幌から鎌倉の自宅に戻る前の日には、必ずここで野菜をまとめ買いし、宅配してもらった。

この「マート」に勝るとも劣らない魅力があったのが、隣接するフードコートだった。いたって庶民的で地味な雰囲気だが、初めて足を踏み入れた時からああここは悪くない、と呑兵衛の勘が働いた。厚岸、紋別などの海産物を中心とした料理を提供する店、焼鳥屋、寿司屋、北海道野菜を使った韓国料理店、中華料理店、「豚丼」専門店、札幌の幻のタマネギ「札幌黄」をふんだんに使ったカレーの店など十店舗ほどが、互いに向かい合う形で通路に沿って並んでいる。どの店にも狭いながらイートインスペースがあるほか、中央の通路には、共用のテーブルと椅子が並んでいて、各店で注文した料理を自由に食べることができる。窓もなく、椅子もテーブルもいかにも食堂然とした素っ気ない造りだが、生ビールはもちろんのこと、日本酒やワインなども提供されていたので、ここは夜こそ魅力的な場所だと直感した。

このフードコートは、昼時にはそれぞれの店舗が「ワンコインランチ」などを提供していることもあってかなり混み合うが、夜は比較的ゆったりとした雰囲気だった。まずはぐるりと各店のメニューをチェックする。そして大体の方針を決めたら、財布を握って席を立ち、第一陣を注文をする。厚岸の店で生牡蠣か牡蠣フライ、サンマの酢漬けなどを生ビールとともに頼み、道産野菜を使った惣菜が並ぶデリで野菜料理を二、三品注文するのがお決まりのスタートだった。その後はもう気の向くまま。食べたいものを順次追加しながら気楽で安上がりな夜の飲み会をするのが、夫と二人の札幌暮しの恒例となった。料理は各店のスタッフがテーブルまで運んでくれ、一人前百数十円のデリの料理もきれいに皿に盛られてくる。「前菜」のあとは、豚丼屋でご飯なしの炭火焼の「豚皿」と北海道産の日本酒を注文し、最後に中華料理店で濃厚スープの麻婆タンメンや、夏場には冷たい麺類を一人前だけ頼むというのが代表的なコースだ。ゆっくりじっくり呑みたいときには、メンマとチャーシューの和え物、道民がこよなく愛する鶏のから揚げ「ザンギ」、ポテトコロッケなどをつまみに日本酒を追加する。

いろいろなジャンルの料理を少しずつ、好きな順序で気ままに楽しめるこの場所は実に愉快だった。観光客だらけの狸小路にもかかわらず、夜のフードコートには常連客もけっこういることを、繰り返し通ううちに知った。

狸小路商店街は、全体がアーケードになっているうえ、途中には地下街「ポールタウン」に降りられるエスカレーターがある。ポールタウンはそのまま「地下歩行空間（チカホ）」に接続しているので、「チカホ」を歩き切れば、自宅マンションに一番近い地下鉄の出口まで外を歩かずに到達できる。このため、距離的にはそれほど近くはないものの、雪の降る冬の時期でも安心して出かけることができた。

とはいえ、札幌の冬の寒さは半端ではないということを、この狸小路のフードコートでは身に染みて感じた。冬の寒い時期、フードコートには通常の出入り口に加え、厚いビニールシートのドアも追加される。もちろん暖房はフル稼働だ。にもかかわらず、入口に近い席に座ってしまうと、人の出入りとともに冷気が入り込み、長いこと座っているとしんしんと冷えてくるのだ。暖を求めてジプシーのように席を移動するという経験を経て、冷え込みの厳しい日にはできるだけ中央部分にあるテーブルを選んで座るようになった。

それにしてもこのフードコートでの時間をふと思い出す時、道も歩きやすく、軽装で動き回れる快適な夏場ではなく、吹雪や凍結した路面を心配しつつ、ダウンジャケット、帽子、手袋をもこもこに着こんで出かけた冬の夜が真っ先に思い浮かぶのはなぜだろうか。

秋たけなわの二風谷で、伝統的収穫体験

平取町、二風谷を訪れる絶好の機会となる「平取町無料バスツアー」は秋にも催行された。北海道に来て最初の秋に参加したのは、「イチャ（穀物の収穫）体験交流事業」という、アイヌ伝統の穀物収穫体験をメインとしたツアーだった。様々な恵みをもたらす河川を軸としたアイヌの人々の生活空間を「イオル」と呼ぶ。そのイオル再生事業の一環として行われる伝統行事に、札幌からの観光客も参加させてもらえるのだ。形式としては、夏に行われた「チプサンケ」ツアーに似ている。

基本的に地元の人たちのための行事なので、ツアー参加者はそれに合わせて行動する必要があり、現地での朝九時のスタートに合わせ、ツアーバスは朝七時に札幌駅を出発するというスケジュールだった。札幌駅近くに住む自分でさえ、朝五時半に起きなければならなかったが、それだけ長い時間二風谷に滞在できることになるので、むしろ嬉しかった。

当日は朝からさわやかな秋晴れだった。雨が降った後だと収穫体験には長靴が必要になるそうだが、この日はそんな必要もない絶好の日和だった。

八時半に二風谷に到着すると、ツアー客は大型の観光バスから町の小さなバスに乗り換えるよう促され、穀物の栽培地へと向かった。バスには母親に連れられた地元の小さな子供たちも大勢乗り込んでいた。

穀物が実った田んぼの前で、開会の挨拶に続いて収穫作業の注意事項が伝えられた。複数ある穀物を混ぜないこと、雑草を入れないことなど。目の前は田んぼだったが、背後にはすでに収穫が終わったソバ畑が広がっていた。赤味を帯びた茎がたいそう美しく、畑はさながら茜色の絨毯だった。

アイヌの伝統的な収穫には「ピパ」という平たい淡水貝の殻、あるいは「カネピパ」という、ピパの形を模した金属製の小さなプレートを使う。ピパのちょうつがい側の中央には穴があけられ、ループ状の紐が取り付けられている。それを中指に引っかけ、貝殻を手のひらに乗せる。人差し指と中指で穂を挟み、茎をピパの端に当て、親指で抑えながら手首をひねってピパをクイッと動かすと、片手でもどんどん穂先を刈り取ることができるとのこと。ちなみに今は環境悪化により、絶滅危惧種に指定されるほど貴重なものになってしまったピパ（カワシンジュガイ）だが、美唄（びばい）、美馬牛（びばうし）など、北海道の地名にはこの「ピパ」はたくさん残っている。この貝が、かつてはあちこちにたくさんあってアイヌの生活に溶け込んでいたことがうかがえる。

穀物は、アワ、キビ、ヒエの三種類があり、参加者はそれぞれの区画に入って好きなものを採取する。大勢の参加者がいたが、広い田んぼに散らばるとあっという間に人の姿はまばらになった。首に手拭いを巻き、軍手をして、まずは一番穂が大きくて採りやすそうなアワから刈り始めた。最初は少々難しかったピパ使いだが、すぐに慣れ、片手でどんどん収穫できるようになった。カネピパよりも、むしろピパの方が使いやすいと感じた。収穫体験は三十分と短いので、すべての穀物を体験したくて、アワをしばらく収穫した後、ウルキビの区画に移動した。ウルキビは穂の形が稲に一番近い。最後に穂が小さくなかなか量が採れないためか、一番人気がなかったヒエの区画へ。引っ張りすぎると穂から実が落ちやすいので注意が必要だが、それもすぐに慣れ、それなりの量を収穫することができた。

収穫した穀物は、スタッフから渡されたビニール袋に入れていくのだが、かつてアイヌは「サラニプ」というシナの木の皮で作られた網袋に入れていたのだそうだ。サラニプ作りには大変な手間がかかるので、素朴な生活民具だが、今では大変に高価だ。

ビニール袋がいっぱいになると、用意された大きな袋に移し、また収穫を続けた。それにしても三十分はあっという間だった。収穫体験は楽しく、作業の終了が残念だった。できることなら弁当でも持ってきて、太陽の移動を感じながら一日中やってみたかったと心から思った。

あれほど大勢の人たちが田んぼに入ったにもかかわらず、おそらく収穫できたのは全体の一割にも満たなかったのではないだろうか。残りはイオル事業部の人たちが後日刈り取ったとのことだが、ピパで一株ずつ穀物を刈り取りながら、山菜なども「食べる分だけ採る」、「後から来る者にも残るように採る」というアイヌの自然への向きあい方を思い出した。いかにも非効率なピパでの収穫では、収穫物の販売を前提とした広大な農地には対応できるはずもない。おそらく集落の周りに、自分たちが食べるのに十分な穀物だけを植えていたのではないだろうか。そんなことも自然に思いを馳せられる、有意義な体験だった。

収穫体験の後は、二風谷のチセ群の中にあるポロチセ（大きなチセ）で、収穫を神に報告する伝統儀式を見学した。赤々と火が熾された囲炉裏の周りには儀式を行う男性たちが座り、まずは長が、無事に穀物が実ったことを神に感謝する祝詞を唱える。続いてイクパスイ（捧酒箸）という三十センチほどの棒状の祭具で、酒を囲炉裏に撒き入れ、供えられていたイナゥを燃やし、神の通り道の窓の方向にも酒を撒き、最後に長がその酒を飲む。十分にも満たないシンプルな儀式だったが、厳粛でありながら格式ばったところのないその雰囲気には、不思議なすがすがしさがあった。もう一つ惹きつけられたのが、美しい彫刻が施されたイクパスイと、四方に小さな足のついた木彫りの盆だった。これらはアイヌ伝統の木工芸品として二風谷の工房や町営の工芸館でも販売されていた。安価なものではないが、いつか手に入れてみたいものだと思った。

儀式の見学を終えた後は、場所を厨房設備のある町営の施設に移し、収穫されたばかりのキビを材料とした「シト」という団子作りと、やはり地元で採れたそば粉を使ったそば打ちを体験した。比較的簡単に作れるシト作りは主に子供たちが行い、大人たちはそば打ちを担当したが、これはなかなか大変だった。うまく形にならなかったそばのシートは廃棄されそうになったが、ラップに包んで持ち帰らせてもらった。家に帰ってから、細く切って茹で、千切りのきゅうりと合わせて明太子マヨネーズ和えにしてみた。これこそ、ものを絶対に無駄にしないというアイヌの精神ではなかろうかと都合よく考えたが、なかなかおいしくできた。

会場の片隅では昔ながらの手回しの石臼を使ったそば挽き体験もでき、子供たちの人気を集めていた。

自分たちが打ったそばは、平取町の女性たちが大鍋で茹でてくれた。地元のキノコもたっぷりと入った温かいそばが、おいしい昼食となった。茹でられたシトもテーブルに並び、砂糖醤油をつけて食べた。砂糖醤油は簡略版で、本来は昆布を粉にしたものが入った甘いたれをつけて食べる。シトは、この後、二風谷をはじめとしたあちこちのアイヌ文化イベントの折に、数えきれないほど食べることになった。

昼食の後は、時間が余ったので急遽二風谷ダムに行くことになり、サケの遡上のために設けられている魚道を見学した。その後は二風谷温泉に行ってゆっくりとくつろぐという行程だったが、わたしは温泉には行かず、まだ訪れたことのなかった「二風谷アイヌ文化博物館」を見学したいと申し出、ツアーが最後に立ち寄る加工肉ショップで合流することになった。確保された自由時間は約二時間。一刻も無駄にできない。

「二風谷アイヌ文化博物館」はチセ群の先にある。あたりの木々はすでに紅葉が始まっており、秋の陽ざしを受けてたいそう美しかった。時間さえあればゆっくり散策したいところだったが、この日は急いで博物館へ向かった。


待望の博物館は、天井の高い、広々とした近代的な建物で、展示も美しく工夫が凝らされていた。まず掲示されていた大きな北海道地図で平取町の位置を確認し、想像以上に大きな面積を占めていることに驚いた。札幌に住むまで、平取という地名さえ聞いたことがなく、字を見たときにも「びらとり」ではなく「ひらとり」と読むのだと思った。しかし平取町だけの詳細な地図を見てみると、その中にはアイヌ文化ゆかりの地がひしめいていた。まさに文化的遺産の宝庫だ。ちなみに「平取（びらとり）」という地名もアイヌ語が基になっている。北海道の地名の約八割はアイヌ語に由来しているのだが、その多くに漢字が当てられているため、本州の人間はそれと気づかないものも少なくない。

アイヌ文化博物館の収蔵品も、平取の民族文化研究家、故萱野茂氏が収集あるいは自ら復元制作したものが基礎となっているとのことだった。「重要有形民俗文化財」の指定を受けたものが一、一二一点、「萱野茂 二風谷アイヌ資料館」には二〇二点あるとのことだ。

二つの博物館を見た上で感じたことは、萱野茂氏の資料館の方が一つひとつの展示品に対する説明が丁寧だということだ。たとえば博物館にもアイヌの衣装が資料館と同じ方式で展示されていたが、博物館にはどの地方の衣装なのかという表示はなかった。いかにも古そうな生活民具の展示品についても、いつごろのどの地方のものなのか、オリジナルなのか復刻品なのか何も表示がないものが多かった。

一方で、アイヌ文化博物館は、公営ということでそもそもの開設費用が違うのだろう、建物や設備の充実度で資料館をはるかにしのいでいた。照明、配置、空間の使い方といった展示技術、それによる展示品の見やすさ、長時間の鑑賞にも堪えられる環境といった面で博物館に分があるのは当然といえる。

午前中に見学した儀式でも使われていたイクパスイのコレクションもあった。その意匠の多様さ、大胆さは圧巻だった。また、日常的に使用する民具には味わい深い編み仕事がとても多く、アットゥシなどの衣服はもちろんのこと、サラニプなどのカゴ類も、それ自体が実用の美を体現していた。ピパとカネピパも展示されており、実際に使ってみた後だけに印象深かった。「シシリムカの巧たち」という展示ゾーンには、二風谷の工芸家たちの作品が多数展示されていて、ここもまた見応えがあった。シシリムカというのは、アイヌ語による沙流川の古名だ。

とりあえず博物館滞在は一時間程度と決めていたのだが、ユカラが上映されているビデオコーナー、自分でDVDを挿入して伝統技法をゆっくり鑑賞できるエリア、書籍閲覧コーナーなどもあり、時間さえあればあと一時間ほどは十分に楽しめただろう。

博物館を出た後は、その裏手の公園から沙流川を眺めた。二風谷に来るたびに必ず立ち寄らずにはいられない、胸のすくような美しい風景が広がる大好きな場所だ。


最後に、二十分という限られた時間ではあったが、二風谷の高名な木工芸家、貝澤徹氏のアトリエ兼店舗を訪ねた。博物館の見学を一時間で切り上げたのはこのためだった。

幸いにも貝澤徹氏は工房にいて、工房に展示されていた素晴らしいオリジナル作品を見せてもらうことができた。全面にアイヌ文様の彫刻が施された木箱など、独創的な作品も多く、いくら見ていても飽きることがない。また、仕事に使う彫刻刀の柄に自身の手によってアイヌ文様が彫り込まれていたのも印象的だった。

iPadを持参していたので、韓国の刺繍箱や古い木工芸品にアイヌ刺繍のマットを組み合わせて飾っている自宅の写真を見せたところ、まるでショップのようだと褒めていただいた。それがきっかけとなり、「そういうものがお好きなら、特別にすごいものを見せてあげましょう」と、大きな箱を持ってきて、中からアイヌの大きな首飾り、シトキとタマサイを取り出した。水色、白、黒などの大きな玉を連ねた装身具で、中央には円形の金属板が付いている。

「滅多な人には見せないものなんですが」

先ほどの「アイヌ文化博物館」にもこれらの首飾りは展示されていたが、ガラス越しでなく眺められ、実際に触れられる機会がこんなにすぐに訪れるとは夢にも思っていなかった。しかも徹氏の所蔵品は博物館の展示品よりもはるかに大きくて立派だった。水色の玉はターコイズかと思っていたのだが、素材はガラスだとのこと。アイヌがもともとこうしたものを生産していたわけではなく、和人との交易で手に入れたのだと説明された。百年以上前のもので、大きくて重そうなので男性用かと思いきや、女性用だとのこと。

「どうぞ掛けてみてください」と言われるがままに、実際に身につけさせてもらった。見かけどおりずっしりと重い。こんな貴重な経験ができるとは、なんという幸運だろう。

その後も韓国での骨董街めぐりの話など、立派な芸術家なのに少しも偉ぶったところのない、温厚で謙虚な人柄の徹氏との話は尽きなかった。予定時間はあっという間に終わり、後ろ髪を引かれる思いで工房を後にした。この時には、比較的手ごろな値段のペーパーナイフなどを買うことしかできなかったが、これがこの後長く続く、敬愛する工芸家との縁の始まりだった。

「冬もまた二風谷に来てみてくださいね」

北海道の冬がどんなものなのかまだ知らなかったこの日、札幌に向かうツアーバスの車内で、徹氏のこの言葉が心から消えなかった。

アイヌ文化と森の町、白老へ

北海道でアイヌ文化に触れられる場所は二風谷だけではない。札幌市にも市立の「アイヌ文化交流センター（通称「サッポロピリカコタン」）」、「北海道博物館」（前「北海道開拓記念館」）、北海道大学植物園内の「北方民族資料室」など複数の場所があるし、阿寒の「アイヌコタン」、旭川の「旭川市博物館」、「川村カ子ト記念館」なども よく知られている。そうした中でも白老町にある「しらおいポロトコタン」は最も有名な場所の一つと言えるだろう。ポロト湖という美しい湖の周りにいくつものチセを配した広い敷地の中には「アイヌ民族博物館」があるほか、ヒグマや北海道犬（アイヌはアイヌ犬と呼ぶ）も飼育されており、広い駐車場には観光バスもやってくる。白老は札幌から比較的近く、しかも「しらおいポロトコタン」はＪＲ「白老」駅から歩いて行かれる。そこで、二風谷に何度か通ったあと、好天の秋の週末に夫とふたり、白老を訪れてみた。

札幌から白老までは、札幌↓千歳↓苫小牧↓白老と、三本の普通列車を乗り継いで行った。特急もあるのだが、一日を目いっぱい使うには不便な時間である上、料金もかなり高い。普通列車でもそれぞれの乗車時間は三十分未満なので、一時間半程度で到着する。苫小牧から乗った室蘭本線は、運転手が車内アナウンスをし、乗降は運転手の横のドアから行い、料金も運転手に払うというシステムで、まるで路線バスのようだった。こんな経験も普通列車ならではだ。室蘭本線の車窓からは、珍しい三重式火山の樽前山が、反対側には海が見えた。

白老町に関心を持ったのは、「しらおいポロトコタン」がきっかけだったが、いろいろ調べてみると、その裏手には、「ポロトの森」という、湖と川に沿ってトレッキングができるエリアがあることが分かった。ポロトコタンの見学に丸一日はかからないだろうと考え、この日はまず山歩きを楽しむことにした。

白老駅に到着後、駅前の観光案内所に立ち寄り、地図とポロトコタンの割引券を入手した。そのまま海沿いの国道を十分少々歩くと、ポロトコタンに到着する。

目の前には真っ青なポロト湖が静かに広がっている。右手に行くとポロトコタンがあるのだが、まずは湖の左側のハイキングコースに向かった。

ポロト湖の対岸には、ポロトコタンのチセ群が点在しているのが見えた。静謐な光景だった。どこまでも穏やかな鏡のようなポロト湖の背後には樽前山もくっきりと見え、この日は青空の中に立ち上る噴煙まで確認できた。

白老は海が近いため、道内でも雪は少ないほうだ。道沿いに建ち並ぶ民家の、玄関前の階段の段数が少ないことからもそれはうかがえた。しかし冬の気温は札幌や千歳よりも低くなるので、ポロト湖は完全に凍り、スケートとワカサギ釣りを楽しむ場所になるのだそうだ。

湖に沿ってしばらく歩くと、「自然休養村」に入る。ここには設備の整ったキャンプ場もあった。

湖沿いの道は、やがて山の中へと入る。遊歩道は、蛇行しながら地表とほぼ同じ高さを流れる細い川に沿っていた。十月中旬のこの日、すでに葉が色づいている木もあったが、全体として紅葉はまだだった。例年よりかなり遅れているらしい。

やがてビジターセンターがあったので、そこでさらに詳しい地図を受け取り、「白老林道」に入った。ここから先の道では、全く人に会うことがなかった。

「白老林道」はわずかに上り坂だが、ほぼ平坦なので誰でも楽に歩くことができる。川に沿って進む道の景観は変化に富んでいて、魅力たっぷりだった。そこを自分たち以外誰も歩いていないというのが信じられなかった。きちんと整備された道なのに。これ以上ないほどの好天に恵まれた週末なのに。しかし、同時にそれが北海道なのかもしれないと思い始めてもいた。ちょっとでも快適で楽しい場所はすぐに評判になって人が押し寄せる首都圏とは違うのだ。

ビジターセンターでは、林道を外れて少し登ったところにある、ハリギリ（センノキ）の巨木を見ていくように強くすすめられたので、その木を見るため、ロープを伝って急坂を登ってみた。

ハリギリの巨木は大人が三人がかりでようやく抱えられるほどの太さがあり、写真に納まりきらないほどの高さがあった。後ろ側に回ると見事な緑色の苔で覆われた巨大なうろがあり、まるで童話に出てくる木のような姿だった。

林道に戻る途中では、真っ赤に色づいたハート形の落ち葉を見つけた。これまた童話の世界。この葉は大事に持ち帰り、今では鎌倉の自宅に飾られている。

平取のカンカンガロウもそうだったが、この白老の林道に沿って流れるウツナイ川もうねうねと蛇行している。北海道にはこうした姿の川が本当に多い。その周りには多様な樹木が生い茂り、荒々しい自然にさらされているためか倒木がとても多い。倒木の幹には苔が生え、それが神秘的で独特の景観を作り出している。

白老は、町の面積の八割を森林が占め、ヒバ、カツラ、ナラ、アオダモ、ニレなどの木材を産出する。また、倒木が地中に埋もれて半ば炭化した「埋もれ木」も採れる。これらは北海道の工芸家たちにより、美しい作品になる。札幌では道産の木工芸品の販売イベントが頻繁に開かれるので、時間が許す限り駆けつけたが、そうしたイベントで出会って懇意になった工芸家は偶然にも白老在住で、地元産の木を使っていた。それも、こうして白老の森を歩いたことによる縁だろうか。

ビジターセンターから一時間ほどで「もみじ平」という場所に到着した。その名の通り、あたり一面にカエデの木が密生しており、これが紅葉したらさぞ美しいだろうと思われたが、この日、葉はまだ青々としていた。これらの葉がきれいに色づくころには、もしかすると雪が降っているかもしれない。北海道の紅葉は雪との競争なのだ。

いつのまにか、時刻は午後一時を過ぎていた。散策路がこれほど長いとは思わなかったのだが、快適な道だったので嬉しい誤算でもあった。飴や栄養補助食品で空腹を紛らわせつつ歩き続けた。

もみじ平のすぐそばには、ウツナイ川の源流地点があった。それを見るにはかなり急な階段を下りなければならなかったが、川が生まれる様子を見られるのは珍しいので行ってみた。源流は、山肌から沁み出た湧き水だった。なるほど、川とはこうしてできるのか。

遊歩道に戻り、カエデの林道を歩き、植林地帯とキャンプエリアを通過し、ビジターセンターに戻ると、餌やり場にはほっぺたに餌をパンパンに詰めたシマリスがいて、なおもせっせと餌を食べていた。

この後、最短ルートでトレッキングを終え、ポロトコタンに向かった。

「しらおいポロトコタン」では、湖沿いに点在するチセの見学は無料だが、博物館、古式舞踏の公演、飼育されている北海道犬やヒグマの見学には入場料が必要となる。この施設はアイヌ文化を観光化しすぎではないかという声もあり、儀式や古式舞踏を観光客向けに行うことはない二風谷と比較したとき、そういう見方もありうると感じた。その一方で経済的に自立することが伝統文化の継承と保存を可能にしているという意見もある。観光バスもやってきていて、大勢の来場者でたいそうにぎわっていた「しらおいポロトコタン」が、アイヌ文化を多くの人に伝える力は小さくないだろう。

もともと日本犬が好きなので、北海道犬を間近に見られることも楽しみだった。犬舎を一巡りすると、赤い首輪をしたひときわきれいな白い犬が目に入った。それは、携帯電話のＣＭで有名になった白い北海道犬の子供「ソラ」だった。土曜日には「ソラちゃんとのお散歩会」も開催されるとのこと。ソラはこの年の道犬保存会のカレンダーの表紙にもなるほどの人気者だったが、残念なことに翌年わずか四歳で亡くなってしまった。

「ピリカコタン」では、アイヌの古式舞踏が一日に何度かチセ内で披露される。時間が近づくと、会場内にアナウンスが流れる。アイヌの古式舞踏はとても好きなのだが、二風谷での体験が基準になってしまっていたためか、ステージでの踊りを観客席で見るというスタイルにあまり魅力を感じず、終わり際を少し見学するにとどめた。踊り手の女性たちが着ていたのは、白老アイヌの伝統衣装で、曲線の多い平取文様とは違う直線的な文様が印象的だった。

ポロト湖と樽前山

　ポロトコタンでは、建ち並ぶチセもみな大きかった。平取だったら、全部がポロチセ（大きなチセ）だろう。これらのチセは元々アイヌのコタンがあった市街地から移築されたものだそうだが、大勢の観光客が中に入って見学しやすいように手を加えられているのではないだろうか。

　この後、やや駆け足で博物館を見学した。

　ここは伝統衣装などもほとんどが新しく作られたもので、歴史的価値があるものを展示するというより、アイヌの伝統的な生活文化を再現することを主眼としていると感じた。建物も、思ったよりも古くて小さかった。平取の「二風谷アイヌ文化博物館」のほうが見ごたえがあるように感じたが、子供にも分かりやすく、視覚的にアイヌの暮らしや習慣などを知らせるには、「白老形式」も悪くないのかもしれない。なお、この博物館は、政府が東京オリンピック・パラリンピックに合わせて白老に「民族共生象徴空間」を建設することにともない、十七年度末で閉館するとのことだ。

遺骨返還の問題等を巡って、アイヌの人たちの間で様々な意見がある「民族共生象徴空間」。その建設が始まれば、この日目にした白老の景観も変化を余儀なくされるのだろう。

初めての冬靴で北海道新聞に載る

秋も深まり、いよいよ札幌での初めての冬に備えなければならなくなった。十月の下旬、まだ札幌の道に雪はなかったが、間もなく鎌倉の自宅に戻らなければならず、次に札幌にやってくるのは十一月下旬だった。その頃には街全体が雪で覆われ、雪道に慣れない人間にとって路面は厳しい状態になっているだろう。

札幌に来て以来、知り合った道産子たちは必ず冬の雪道の怖さを口にした。彼らは「本当に気をつけないと危ないよ」と初めて雪の季節を経験するよそ者に注意喚起しながらも、「絶対に一度は転ぶと思うよ」といたずらっぽく言い、どこかそれを心待ちにしているような気配もあった。どんな場合に転倒を招きやすいのかをあれこれ教えられ、想像もつかない状況に戦々恐々だったが、同時に「よし、絶対に転ばずに冬を乗り切ってやる」と密かな闘志も湧いていた。

雪道への備えといえば、一にも二にも足元だ。秋になると、どの靴売り場にも「冬靴」という表示が目立つようになる。どうやら人々は冬になると特別な「冬靴」に履き替えるらしい。冬靴の特徴は靴底にある。アイスバーンのようなツルツルの凍結路面でも転びにくい特別仕様の靴底があり、雪の季節には必ずそうした底材の靴を履くのだ。関東地方で冬の靴といえばブーツやボア入りなど単なる防寒仕様の靴を意味するが、北海道ではとにかく底。冬を前に、街には夏場に履いていた普通の靴の底だけを張替え、冬靴にしてくれる店も登場する。都市部の会社員たちは、雪の時期でも平然と普通のビジネスシューズやパンプスなどを履いているように見えるが、靴底だけは必ず雪対応になっている。そういうことなら、道が雪で覆われる前に、冬靴をとにかく一足手に入れておこう。さもないと、一歩も外に出られなくなる！

とりあえず、冬靴の底とは一体どんなものなのかリサーチに出かけてみた。手ごろな値段のチェーン系の靴屋に行ってみると、さまざまな材質や構造の靴底が貼られた冬靴が並んでいた。いったいどれを選べばいいのか正直よくわからなかったが、たくさんの靴をひっくり返して見ているうちに、冬靴かそうでないかは識別できるようになった。冬靴の底には細くて深い溝がたくさんあり、溝の向きや形状にも工夫が凝らされている。中にはかかとにスパイクが埋め込まれていて、状況に応じてそれを引き起こすようになっているものまであった。値段もデザインも様々。いかにも暖かそうなボア入りのブーツもあれば、一見冬靴には見えない普通の革靴もある。最初の一足にはいったいどんなものを選べばいいのだろう。

そんなある日、札幌の中心部にある大手デパートで開催されていた大人気の北海道物産イベントを覗きに行った帰り、満員で乗れそうもないエレベーターをあきらめ、エスカレーターでゆっくりと下っていくと、靴売り場に、これまで見たことがないスタイリッシュな冬靴がたくさん並んでいるのが目に入った。それはデパートがその日から販売を始めた「ハイエンド」の冬靴だった。売り場の説明を読むと、冬靴の底素材はメーカー各社が毎年工夫を凝らしていて、どんどん進化しているらしい。安価な量販店で見た冬靴は、履き心地もデザインもいまひとつだったが、その売り場にあるものはなかなか良さそうだった。よし、詳しく説明を聞き、ここで最初の一足を購入することにしよう。

売り場に並ぶ冬靴の底は、竹繊維、ガラス繊維などを混ぜ込んだ防滑素材でできていた。溝の形状にももちろん工夫が凝らされている。溝が大きい靴底は一見滑りにくそうに見えるが、溝の中に雪がはまり込んでしまうので、かえって滑りやすくなるのだとか。靴本体にも通気性と防水性の高い素材が採用され、機能性もファッション性も高いものが揃っていた。値段もそれなりだったが、この中から一足選んでおけば、どこで履いても安心だろう。札幌駅近くの「都会」に住んでしまっているので、大雪の日でも、スキー客のような靴を履いて歩きまわるのは少々カッコ悪い。

売り場の中央には、大きな氷の板が置かれていた。氷の周囲には金属製の手すりが取り付けられている。ちょうどその日から「冬靴の冬道体験会」が開催されていて、売り場の冬靴を履いて、実際に氷の上を歩いてみることができるのだという。

冬道の体験が、雪ではなく氷だということに驚いたが、これこそが極寒の地の雪道の真実なのだ。冬靴とは、ふかふかあるいはぐちゃぐちゃの雪ではなく、アイスバーンも混じる固く凍りついた道を歩くための靴なので、その実力はツルツルの氷の上でこそ試される。

せっかくの機会なので、若い女性店員に勧められるまま、いくつか候補の冬靴を選び出し、氷の上を歩かせてもらった。

氷の上に恐る恐る乗ってみてなるほどと納得した。一言で冬靴といっても、その防滑性は様々だった。

親切な女性店員と一緒に、これは意外に滑る、こっちはグリップがいいなどと話しつつあれこれ試し履きをしていたところ、カメラを持った男性が近づいてきて「写真を撮っていいですか？」と尋ねた。靴メーカーの営業社員が資料用にイベントの写真でも撮るのだろうと思い、気軽にOKしたところ、彼は北海道新聞の記者だった。

撮影のあとインタビューも受け、配偶者の転勤で関東から札幌に初めてやって来て冬靴を探しているのだと話すと、「ではもう一回、今度はこんな感じで氷に乗ってもらえますか？」と、紙面掲載用のポーズまで求められた。徐々に大ごとになり、他の店員や客も集まってきたので、少し恥ずかしかった。

記事は翌日の朝刊に掲載予定だということだったので、さっそく新聞を買ってみると、この日の「氷上体験会」の様子は、カラー写真付きで掲載されていた。

あの日は百貨店の店員の説明によって冬靴についての疑問も氷解した。氷の道に適しているのが冬靴だとしても、どうしてそれを通年履かないのか不思議だったのだが、防滑ソールは柔らかいので、冬靴を雪のない道で履くと溝がつぶれて効果がなくなってしまうのだそうだ。

懸案の冬靴第一号には、靴底にガラス繊維入りの最先端素材を使った、ゴアテックスのショートブーツを選んだ。この後、普段使い用にもう少し安価な冬靴も買い足していき、冬靴の数は徐々に増えていった。雪の季節は冬靴のみ履いて過ごすので、自然ななりゆきだった。

約三年間の札幌生活が終わり、鎌倉に戻ることになった時、まだ十分履ける状態の冬靴は友人たちがもらってくれた。ただ、この日に百貨店で購入した最初の一足だけは、関東地方でも稀にある雪の日や、冬に北海道を訪れる日に備え、鎌倉に持ち帰って大事に保管している。

雪道サバイバル

十一月の下旬、ついにその日はやって来た。本格的な雪が降ってきたのだ。いよいよ雪との戦いが始まる。

それ以前にも雪は何度か降ったのだが、降雪量は少なく、気温もそれほど下がらず、路上の雪は間もなく消えていった。しかしこの日は明らかに違っていた。マンションの窓から外を見ると、まるで白いカーテンが風で揺れるように隙間なく降る雪が、これまで当たり前に見えていた景色を覆い隠していた。家のすぐそばにあるさっぽろテレビ塔さえ、時おり雪で見えなくなった。「ホワイトアウト」という言葉が頭をよぎった。

雪のない道路を大きな歩幅で歩けたのも、自転車に乗れたのもこの前日までとなった。この日を境に、外に出るときには雪道を歩く覚悟が必要になった。地元の人たちに繰り返し警告されてきた雪道での転倒。それを避けるため、雪国暮らし初体験の自分は細心の注意を払わなければならない。そして、意地でも転ばずに最初の冬を乗り切るのだ！

テレビの天気予報でも、購読を始めた地元紙でも、雪道で滑らないコツは折に触れて伝えられていた。しかし、なんといっても参考になるのは地元の人たちの様子だ。彼らがどのように歩いているのかをよく観察して真似てみるのが一番。それも、若者ではなく年齢の高い人たちを手本とするのがよさそうだった。

その結果、雪道を歩くときにはとにかく歩幅を小さくすることが肝要だと分かった。普段は大股で早歩きをするのが好きなので少々ストレスがたまるが、雪道サバイバルのためには外せない鉄則だ。そしてかかとに重心をかけないこと。後ろ体重になると滑りやすいだけでなく、転倒した際に後頭部を打つのでとても危険だ。体を丸めて少しだけ前かがみになり、つま先の方に軽く体重をかけながら摺り足気味にそくそくと歩く。そして、可能な限り両手を空けることと。それでは傘がさせないではないかと思うかもしれないが、北海道では、春先のみぞれなど特殊な場合を除き、雪が降っても傘は不要だ。北海道の雪はサラサラのパウダースノーなので、簡単に払い落とすことができ、服や荷物を濡らすことがほとんどない。これは意外に楽しい体感だった。雪が降っている外に、帽子またはフードをかぶっただけで出て行くのは新鮮で、とても自由な気分だ。ビルや地下鉄の入口に着いて服をぱんぱんっと叩くと、雪はあっけなく落ちる。首都圏でたまに降る、重く湿った雪ではこうはいかない。最初のうち、雪の日にはかならず防水素材のコートを着ていたが、雪質が分かってきたので、よほどの暴風雪でもなければウールのコートも着るようになった。地元の若い女性たちは、皮素材のバッグなども普通に持って雪の中を歩いている。

このように地元の人たちの振る舞いを真似て、まもなく普通の平坦な雪道ならば苦もなく歩けるようになった。新雪が降り積もったばかりの真っ白な道を歩くのは愉快でさえあった。軽く踏み固められた降りたての雪はまるで片栗粉のようで、踏みしめるときしきし音がする。

しかし、雪道はそんな生やさしい状況ばかりではない。雪道での本当の試練は雪ではなく氷なのだ。

北海道の天気予報では、雪を「湿雪」と「乾雪」に区別している。「湿雪」は、その名のとおり湿って重い雪なので、比較的溶けやすい。天気予報で「湿雪」と表示され、しかも気温が高めで日の差す時間もあったりするとどんより気持ちが重くなる。そういう雪は昼の間に必ず溶け、溶けた雪は絶対に凍るからだ。北海道では、溶けた雪は夕方ごろから凍りはじめ、カチカチの凍結路面を作る。夜、外に出た時に、凍結した路面が街灯の光を受けてきらきら光っているのを目にするのは、恐怖以外の何ものでもない。もちろん冬靴は履いているが、そっと足を滑らせてみると、全くグリップが効かないツルツルのスケートリンク状況になっている。おまけに路面は本物のスケートリンクのように完全に平らではなく、車の轍や足跡で、波打ったり傾いたりしているので、滑りやすさはさらに高まる。あと交差点を一つ渡れば自宅マンションに着くという場所でこの「スケートリンク」に遭遇し、まったく先に進めなくなってしばし呆然としたこともあった。また、一見サラサラの雪に覆われていても、そのすぐ下に「スケートリンク」が隠れていることもあるので、油断はならない。雪道を歩くときには、足元に意識を集中しなければならず、視線も足元から外せない。滑りやすくなった雪道には、黒い砂利のような滑り止め剤が撒かれていることも多いが、交差点などにはこの黒い砂入りの袋が置かれており、これはだれでも自由に撒いて構わない。

札幌市の中心部には、「ロードヒーティング」という、路上の雪を自動的に溶かす加熱設備が埋め込まれている道路があちこちにある。大きな通り沿いの歩道、百貨店やホテルの入り口などに多く、その場所は雪がなくて歩きやすい。しかし、このロードヒーティングにも注意が必要なのだ。設置されている場所とそうでない場所の境目には、絶えず溶けた雪によって水分が供給されるので、それが凍るとまた滑りやすくなるのだ。

除雪による段差も歩行者にはやっかいだ。通行量の多い車道に雪が積もると、たいてい深夜のうちに除雪が入るが、道路からどけられた雪は歩道との間に積まれて雪山になる。一方、歩道にも除雪が入るが、車道ほど徹底して雪をどけないので、車道と歩道の間には高低差が生じる。このため、交差点を渡るには、まず小さな雪のスロープを下り、交差点から歩道に上がるときにはスロープを上る感じになるのだ。これが、ツルツルあるいはガタガタの路面の時にはなかなかに危ない。同じことが、バスやタクシーの乗り降りの際にも生じる。地元の人たちが「乗り物に乗るときがあぶないよ」と言っていたのはこの段差のことだったのかと思い知った。特にバスは、雪山があると歩道からかなり離れて停車するため、本当に乗りにくい。

しかし、いろいろな意味で一番気を付けなければならないのが、横断歩道だ。

横断歩道というのは車道の一部なので、車道並みの除雪が入り、その状況は歩道と違っている。車道に残った雪は車が走行することによって固く圧雪されていくため「圧雪アイスバーン」ができやすく、歩道以上に滑りやすいことが多いのだ。特に札幌中心部に住んでいると、周辺の道路はみな広いので、渡らなければならない交差点の距離も長い。そうした交差点は、特に路面状況が悪い時など、青信号に変わった瞬間に渡りはじめないと、最後まで渡り切れるかドキドキする。雪のない地方のように、青信号が点滅している交差点を走って渡るなど論外だ。さらに、車の運転をする際に最も危険だと言われている「ブラックアイスバーン」を歩行者が経験することもある。ブラックアイスバーンとは、いったん雪がなくなった道路を雪解けの水が薄く覆い、それが凍って膜を張った状態をいう。一見すると濡れただけの道、またはアスファルトが出ている道のようだが、よく見るとピカピカに光ったアイスバーン状態になっていて大変に滑りやすいのだ。交差点がこうした状況になっていることもあるため、雪が見えない横断歩道でも油断はできない。

札幌に来たばかりの頃、北海道のドライバーは歩行者に対するマナーが良いと感じた。首都圏では黄色信号で止まる車などまずいないし、場合によっては赤になっても突っ込んでくるので、歩行者信号が青になっても、そうした車をやり過ごしてから横断歩道を渡る癖がついていた。しかし北海道のドライバーは皆きちんと信号に従って止まるのだ。これは、雪道の運転ゆえだろうと冬になって気が付いた。雪道の急ブレーキは禁物で、早めのブレーキが必須だからだ。歩行者は点滅する青信号で駆け込まないし、車も黄色で進入しない。

「泣く子と雪には勝てない」

雪国で暮らすようになって、そう実感した。雪国の人たちは我慢強いと評されることが多いが、それは、人の力の及ばない厳しい自然と向き合うことを余儀なくされているからではないだろうか。雪で足元が悪かったら、どんなに急いでいても、交差点を走り渡ることはあきらめなければならない。吹雪になったら、バスも遅れるし、電車も運休になるし、飛行機も飛ばなくなる。じたばたしても仕方がない。下手をすれば命にかかわることにもなりかねない。

雪の歩道

外に出かけるたびに窓の外から雪の様子を確認し、路面状況の比較的良さそうな道路を選び、視線をひたすら足元に落として小股に歩きながら、自然が形作る人々の気質を思った。もしかしたら生粋の道民にとっては、そうした振る舞いや考え方は至極当たり前で、特別な個性だとは思っていないかもしれないが。

仔細な観察と、路面の分析と、慎重な行動が功を奏し、初めての札幌の冬では一度も雪道で転ぶことがなかった。

雪道サバイバル、ひとまず成功！

住んで分かる雪国事情と除雪車LOVE

北国暮らし初心者にとって、雪が常に目の前にあり、寒さも段違いの札幌の暮らしには、ちょっとした「びっくり」が山ほどあった。たとえば生ごみ。「燃やすごみ」の収集の日に、ベランダのダストボックスからビニール袋に入れた生ごみを取り出したところ、カチカチに凍っていたのだ。ゴミはマンションの裏口にある収集場所に出すので、狭いエレベーターに持ち込まなければならないのだが、冬場はゴミの臭いをまったく気にする必要がなかった。

ベランダといえば、最高気温も氷点下という日も少なくない札幌では、ベランダの上は天然の冷蔵庫、あるいは冷凍庫になる。ビールやシャンパンなどは、しばらくベランダに出しておけば、あっという間に飲みごろの温度になる。韓国の友人から晩秋に届く大量の手作りキムチも、キムチ冷蔵庫などない鎌倉の自宅では保存に苦労したが、札幌では発泡スチロールの密閉容器ごとベランダに置いておけば絶好のコンディションで保存できた。

極寒の「日本の端っこ」。そうした地方で暮らすということがどういうことなのかも、時間の経過とともに徐々に実感できるようになった。それは首都圏にいたのでは到底知り得ないことだった。

北海道のテレビのニュース番組は、半分以上が道内の放送局が制作した内容だ。その合間に全国版のニュースも流れるのだが、鎌倉で当たり前のように見ていたそれらが、北海道ではやけによそよそしく感じられた。情報としての価値も低い。その最たるものが天気予報だ。「全国の天気」の日本地図上で、北海道は札幌と釧路くらいしか天気マークが表示されないが、それではいかにも少なすぎるし、おまけにまったく実態を反映していない。たとえば札幌を例に挙げても、一つの天気マークでくくれるような状況ではないのだ。札幌駅や大通公園だけが札幌市ではなく、定山渓も、藻岩山のふもとも札幌市だ。それぞれのエリアは地勢がかなり違うので、おのずと天気も変わってくる。一般的に、北海道の天気予報は当たりにくい。わずかな場所の違いで天気が違うことも多く、短時間で激変することもある。全国の天気予報を見て札幌が大雪だったからと知人が心配してメールをくれた時、自宅周辺ではまったく雪が降っていなかったということもあったし、その逆もあった。おそらく道民は全国ニュースの天気予報など、道外に出張に行くのでもなければ見ないのではないだろうか。わたしが見るのも、北海道にいる自分を案じてくれる、首都圏の友人、知人の視線を感じればこそだ。

中央から遠く離れた最北の地の状況について、大手メディアの関心は高いとはいえず、報道も散発的だ。これでは他の地域の人々が北海道、とりわけ厳しい冬の状況を正確に把握することは難しいだろう。

札幌のマンションでは、ほとんどの時間をパソコンに向かって過ごしていたが、ニュースや情報番組が放送される朝夕は、背後にあるテレビをつけっぱなしにしていた。できるだけ地元の情報を得、土地柄への理解を深めたいと思ったからだ。すると、冬場には「ニュース速報」の音がひっきりなしに聞こえてくることに驚いた。事故による高速道路の通行止め、大雪による通行止め、通行止めの解除。暴風雪や故障による列車の運休、運行再開。数少ない穏やかな日を除き、それはもう驚くべき頻度だった。また、影響が出ている高速道路のインター名や駅名を伝えられても、それがどのあたりなのか分からず、読み方さえ分からないことも多かった。北海道は、札幌、釧路、稚内、函館など、誰でも知っている場所だけではないという事実を突きつけられる。北海道は広く、人はまばらで、自然は過酷だ。

冬の北海道の交通事故は大ごとになりやすく、死傷者の発生率もかなり高いが、それらが全国ニュースになることはあまりない。二〇一三年三月に暴風雪で八人が死亡した痛ましいできごとは全国ニュースでも大々的に報道されたので、おそらく多くの日本人が記憶していると思うが、たとえ道外で報道されなくても、北海道では暴風雪がらみの交通事故や雪下ろし作業で命を落としたりけがをしたりする人はたくさんいる。雪道での転倒による救急搬送は、札幌市だけでも毎年何百件にものぼる。自宅マンションの前は大規模な救急指定病院なので、路面状況が悪い日には救急車の音が絶えなかった。

道内の情報番組を見ていると、新しいスイーツやら食べ放題やらフードフェアやら、やけに食べ物の話題が多い。実際、食べ物がらみのイベントは人気も高いので、北海道の人ってなんだか食べることばかりだなぁと思うこともあった。しかし時間が経つにつれ、それはせめておいしいものを食べて厳しい冬を楽しく乗り切ろうと互いを励まし合う、道民の連帯感のようなものなのかもしれないと感じるようになった。


そんな札幌の冬、わたしの心をがっちりと捉えたものがあった。除雪車だ。

ある冬の夜、ふと目を覚ました。夜半から激しくなった雪の具合はどうだろうと、窓から外のようすをうかがってみた。すると、マンションの前の広い通りには、まるでイカ釣り漁船の集魚灯のように眩く輝くヘッドライトを付けた、オレンジや黄色の大型車両が集結していた。それが作業中の除雪車を見た最初だった。時刻は午前三時頃だったろうか。ががが、と独特の低い音を響かせながら、巨大な板状のプラウで固く凍りついた雪を道から除去していく。雪を吸い込んで吹き上げ、歩道沿いに雪山を作っていく車両もある。そのパワーに目を見張った。

朝になるといつも車道の雪が減って平らにならされていると気付いてはいたが、交通量が少ない未明に除雪車が作業をしているとは知らなかった。この除雪があってこそ、雪国の暮らしは成り立つのだ。

それ以来すっかり除雪車のファンになり、除雪車の響かせる音が聞こえてくると、窓に駆け寄ってその作業ぶりを飽きずに眺めるようになった。雪の高速道路で隊列を組んで作業中の除雪車に遭遇した時には、夢中で写真を撮り続けた。

忘れられないのが、全道が大荒れの天気だったある雪の夜だ。自宅近くの飲食店での夕食を終えて外に出ると、雪は相変わらず猛烈な勢いで降っていた。しかしこうした状況では、路面は新雪で厚く覆われているので逆に歩きやすい。さいわい風もなかったので、さくさくと雪を踏みしめながらマンションへの道を歩いていると、背後から「すいません～ちょっとどいてください～」と声がした。振り返ると、眩いライトを点灯させた歩道専用の除雪車が迫ってきていた。歩道用の除雪車を見るのは初めてだったので胸が躍った。先導する作業員に促されるまま脇に退避しつつも大急ぎでカメラを取り出し、夢中で除雪車を撮影した。カメラにはあっという間に雪が吹き付けるので、撮影は素早く行わなければならない！

黄色の車両には「国土交通省　北海道開発局」「受注者○○工業」という文字が見えた。毎年除雪費用が膨大な金額にのぼる北海道だが、その費用は国、道、市が分担していて、どうやらこの除雪車は国の予算によるものらしい。そういえば、民主党政権下の「事業仕分け」で除雪の費用が減らされ、道内の過疎地域に除雪が入らなくなったという話題を以前どこかで見たことがあったが、今ならその決定への感じ方は大きく違っただろう。首都圏だけにいて理解できることと、想像できることには限りがある。

歩道用除雪車は、スコップで勢いよくかき集めた雪をすぐに吸い上げ、歩道の横に雪山を築きながら進んでいく。車体後部には、道を平らにするための櫛状のデバイスも装備されている。車道用の除雪車に比べるとコンパクトだが、一台で何役もこなす多機能構造だ。

作業員に誘導されながら除雪車が向かい側の歩道へと去って行った後、車道に目を転じると、今度は大型の除雪車が大量に向かってくるのが目に入った。同じ地表上で見る巨大な除雪車の勇ましさに、目が釘付けになった。降りしきる雪でホワイトアウトのような状況になっても周囲から見えるよう、除雪車は目もくらむような明るいライトを点灯させている。このため、かなり離れた場所からもそれと分かるのだ。どんな悪路も吹雪もものともしないその頼もしい姿！ 頭の上に雪がどんどん降り積もるのもお構いなしに、カメラを構え続けた。

除雪車にはさまざまな種類があった。巨大なプラウで雪をひたすら押し出して進む車両。斜めに向いたプラウで雪を歩道側に寄せていく車両。雪を吹き上げ、トラックの荷台に乗せる車両。除雪の役割が違う何種類かの車両がチームになって作業をしているので道路はまるで除雪車の見本市だった。赤信号で除雪車が止まった時には交差点の中央に立ち、正面からその雄姿を撮影した。三年間の札幌滞在を通じ、大雪の夜の路上でこんな酔狂なことをする人間をわたしは他に見たことがない。

大雪が降るのもそれを除雪するも当たり前だと感じる地元の人たちは、除雪の方法や優先順位などに不満を感じることも少なくないようだ。しかし、雪のない地方の人間には信じられないような悪天候でも、人が道を歩き、車が走行できるのは、この夜を徹して作業する除雪車のおかげだとわたしは単純に感動した。除雪車の力は、圧倒的で驚異的だ。こんな巨大な車両を駆って夜通し作業してくれる人たちには、大声で感謝と応援の言葉をかけたくなる。

首都圏はほんの少しの雪でも大混乱に陥り、そのたびに「脆弱」だと揶揄される。しかし、自治体は除雪車の一台も持たず、人々は冬靴というものさえ知らないのだから、それはむしろ当然なのだ。

除雪車の雄姿

雪の平取町で講演会

　本格的な冬に入り、道外者にとってのビックリはいろいろと続いた。中でも思い出すのがある雪の日の昼下がりだ。その日、わたしは地元の友人と駅前大通沿いのガラス張りのカフェにいた。洒落た輸入インテリアショップなども入った、真新しいビルの一階だった。

　そのビルの外ドアは自動ドアだった。首都圏では当たり前の構造だが、実のところ札幌では、一番外側のドアは手動の重い扉になっている建物が多い。その扉を手で押して中に入ると、その先にようやく自動ドアがあるといった具合だ。手でいちいちドアを開けるのは面倒くさく、手動ドアなのは建物が古いためだろうと思っていた。しかしそれには理由があったのだ。

　友人とおしゃべりに興じていると、突然雷の音が響き、薄暗い空に稲妻が光った。その直後、まるで台風のような強風が吹き始め、横殴りの猛烈な吹雪になった。あっという間のできごとだった。夏のゲリラ豪雨の雪バージョンが襲来した感じで、ロードヒーティングによりまったく雪がなかった目の前の道路はあっという間に真っ白になり、暖房が効いて外の冷気など感じなかったカフェ内も、一気に温度が下がるのを感じた。

　吹雪というのはなんとすごいものかと驚嘆していると、いきなり建物の内に雪が吹き込んできたのが見えた。ビルの自動ドアが風圧で開いてしまったのだ。吹き抜けの広いロビーの中を雪が勢いよく舞っている！　しかもドアは自動なので、誰も閉めることができない。道産子の友人によれば、暴風雪で自動ドアが開いてしまうことはよくあることらしい。なるほど、建物の一番外側の扉を自動にせず、手動の重いドアにしているのはそういうわけだったのかと納得した。

そんな冬の間も、平取町への「モニターツアー」は催行された。この頃には地域活性を委託された民間会社とともに地元の旅行会社も参画するようになり、無料ではなくなったが、それでもモニターツアーならではの低料金だった。雪道の運転はまったく考えられなかったので、冬もツアーには最優先で参加した。

初めての冬のツアーは、「二風谷アイヌ文化博物館」で開催されていた「マキリ展」の観覧を主眼とするものだった。マキリというのは、アイヌが狩猟や漁、木彫りなどあらゆることに使う小刀だ。主に男性用だが、「メノコマキリ」という、一回り小さい女性用もある。マキリは二風谷の工芸館や工芸家のアトリエですでに何度も見たことがあり、その迫力ある佇まいと木彫りの意匠に魅了されていた。それをたくさん見られる展示会には期待が高まる。

平取町では、二風谷のチセ群を歩いて博物館に向かった。人が歩いた跡さえほとんど見えない白一色の世界の中に、雪をかぶってたたずむチセ群や木々の美しさは息をのむほどだった。

ロードヒーティングや除雪で路面の雪がガタガタになっている札幌とは趣が違う。

「マキリ展」は、期待どおり見応えがあった。木製の柄と鞘には彫り物が施されていて、あるものは精緻で、あるものは大胆。そのバリエーションの豊富さは驚くばかりで、時間いっぱいまで夢中で見学した。展示品には、個人収集家の所蔵品、二風谷の工芸家が復元したものなどさまざまなものがあり、点数も予想以上に多かった。漁場（いさりば）マキリという、和人が漁で使ったマキリも数多くあった。これはマキリに魅せられた和人に頼まれてアイヌが作ったもので、アイヌの伝統文様とは少し違う、和人受けするモチーフが彫り込まれているものが多い。

博物館見学のあとは、アイヌの伝統料理がぎっしりと詰まったおいしい弁当を食べ、午後は木彫り体験ということで、アイヌ文様を彫り込んだコースターを作った。その後はいつものように温泉へ。雪の中の露天風呂は初体験で、最高に気持ちがよかった。

充実のツアーを終えて札幌に戻った際、ツアースタッフから声を掛けられ、平取町で講習会の講師をやってもらえないかと打診された。平取町主催の「平取町文化的景観ガイド養成講座」の一環として「首都圏在住者から見た平取町の魅力」をテーマに話をしてほしいというのだ。ツアー参加者はほぼ全員が札幌市民だが、わたしだけが首都圏出身だったので、白羽の矢を立てたのだろう。
申し出を聞いて真っ先に頭に浮かんだのは、これを引き受ければ大好きな平取町に行くチャンスがもう一回増えるということだった。講演会やトークイベントの経験は何度かあるし、そうした内容なら話したいことはいくらでもありそうな気がする。即答で了承し、原稿の準備に入った。
原稿はすぐにできたのだが、日程がなかなか決まらず、一時は話が消えたのかと思った。が、なんとか決定し、一月下旬に講演会のため平取町に向かった。

講演会は夜からだったが、せっかくの機会なので、早めに平取入りさせてもらい、懇意になった貝澤徹氏の工房を訪問し、その後、外を歩いて雪の平取の景観も楽しんだ。沙流川の様子を見に行くと、川は完全に凍りつき、その上を雪が覆っていた。眼前に広がるのは川と岸の区別もない、ひと続きの広大な雪原だった。完璧なモノクロームの世界。都会では決して目にすることのできない、この厳冬の色調は心洗われる美しさだった。

講演会は午後七時から九時までの二時間が予定されていた。冬の夜ということで集客を心配したが、町の公営施設の定員三十名のホールには、椅子が足りなくなるほどの町民が詰めかけてくれた。「なんでこんな小さな部屋にしたのよ」「椅子が足りないよ～」などの不満の声も聞かれるほどで、ひとまず安堵した。写真撮影のために同行していた夫は、後方の窓のふちに腰をかけた。

「首都圏在住者から見た平取町の魅力」と題した講演内容は、二部構成にした。それぞれの骨子と補足情報を記載した印刷物を配布し、たくさん用意してきた写真をスクリーンに映しながら話を進めた。

第一部のテーマは「エコ・ツーリズムの成功例、韓国の済州オルレ」だ。

北海道は、日本南端の沖縄、アメリカの離島の州であるハワイ、韓国の済州島などと共通点が多い。これらの地域には、もともと独立した王朝があったり、独自の文化や言語を持つ人々が居住していた。そしてどこも豊かな自然に彩られている。そんな中、済州島には「済州オルレ」という、住民の暮らしを邪魔せず、自然をありのままに保護することを念頭に設計されたハイキングコースがあり、国の内外から大変な人気を博している。オルレは二〇〇七年にその一部がオープンし、現在は全二十の区間が島全体を取り巻いている。済州島での成功に倣い、九州には十九のオルレ・コースがあり（二〇一七年五月現在）、モンゴルにも二つのコースの開設が予定されている（同じく二〇一七年五月現在）。この済州オルレの中で、前年九月に自分が実際に歩いた第六コースを写真とともに紹介した。共通の属性を持つ地域におけるエコ・ツーリズムの成功例を知ることで、平取町の観光を広い視点で考えるヒントが見つかるのではないか考えたのだ。時間を効率的に使うため、「オルレ」という語の意味、コース内の各景勝地の名称と簡単な説明、デザイン的にも優れたオルレのシンボルマークやマスコットなどの情報は、あらかじめ配布物に記載しておいた。

第一部を予定通り終え、十分間の休憩となったところで、一人の女性参加者がやって来て「この本をもらえるんですか？」とテーブルに積んであった本を手に取った。それはわたしの著書で、済州島の旅のエッセイだった。講演で取り上げた済州島に関する本なので、希望者には講演終了後に進呈しようと、配布資料の最後にそう小さく記載しておいたのだ。

「はい、全員分はないのですが、もし読みたいという方がいらしたら、一応先着順で・・・」そう言うなり、「先着順なんだって！」とたくさんの人がどっとやってきて、本はあっという間になくなった。全員がサインを希望したので、休憩時間は小規模なサイン会と化し、水を一口飲むのがやっとの忙しさとなった。

済州島つながりということで、一応持ってきただけの本だった。初めて耳にする人もいるかもしれない異国の小さな島の本に関心を持つ人はそれほど多くないだろうし、そもそも本自体にあまり興味がない人だっているだろうと、定員の半分程度の冊数を用意していた。それでも余ると思っていたのだが、予想外の展開となった。

第二部は「どこよりも北海道らしい、世界でたった一つの場所」というテーマで、自分自身がなぜ平取町、中でも二風谷に惹かれたのかについて話をした。

北海道に興味を持てなかった理由。実際に札幌に来てからも浮き立たなかった気持ち。そして札幌の地下歩行空間でのアイヌ刺繍との出会い。それをきっかけとして、アイヌ文化を深く感じることのできる平取町に関心を持ったことをまず話した。そして実際に訪れた平取町に深く心惹かれた理由を、道外でのステレオタイプ的な北海道のイメージとは全く違う、本当の意味での北海道らしさを感じたからだと説明した。平取町には、かつて一世を風靡した広告キャッチの「でっかいどう北海道」ではない、先住民の暮らしと文化が偲ばれる穏やかで美しい景観があり、今でも引き継がれているアイヌ文化がある。開拓後のあれこれではないそれらこそが、真の北海道らしさなのではないか。

そんな平取町には、左記の観光的魅力がある。

第一は豊かな自然。沙流川の景観があり、山菜狩りやトレッキングなどをいろいろ楽しめる懐深い山があり、温泉もある。

第二は食の魅力。トマト、キュウリ、米などの農産物、びらとり和牛、びらとり黒豚などの畜産物に幅広く特産品を有し、伝統的なアイヌ料理も味わえる。

第三は文化的遺産。チセ群、二つの博物館といったアイヌ文化を伝える施設が整っているほか、マンロー邸やエリザベス・バートの道など、外国文化との交流の史跡があり、魅力あるアイヌの伝統工芸品が手に入る。

最後に、道外者が特に魅力を感じる景観としてカンカンガロウを挙げ、また静かな川沿いの広場でのヨガ体験といった野外イベントの可能性についても触れた。


十分を残して質疑応答に移ると、積極的に手が上がった。これも嬉しいことだった。

「首都圏から二泊三日。いくらだったら平取に来たいと思いますか」

「若い女性に来てもらうにはどうすればいいでしょう」

「観光化されすぎて平取の良さが失われることを心配する人もいますが、それについてはどう思いますか」

特に最後の質問は、世界中の観光地がもれなく直面する難しい問題だろう。これについては、厳しい人数規制と高いツアー料金にもかかわらず、それ故に自然が守られ、評判も高まり、予約もとれないほどの人気を博しているニュージーランドのミルフォードクリークを例に挙げ、

「人さえ来ればいい、お金さえ落としてくればいい」と目先の利益や数値目標にとらわれるよ

り、プライドを持って「こんな素晴らしい自然なのだから、それを保護するためのコントロールは当然」と堂々と主張したほうが、観光地として、特に海外の人々から人気と敬意を得られるのではないかと答えた。

講演は無事に終わった。これをきっかけとして、わたしの顔を見知ってくれる人たちが増えたので、平取町訪問が一層楽しくなった。

それにしても、札幌に住むようになって一年もたたないうちに、それまで名前も知らなかった小さな町で講演をするようになるとは、不思議な縁としか言いようがない。

さっぽろ雪まつりと、自宅で「アイヌ刺繍展」

冬の札幌での最大のイベントといえば、なんといっても「さっぽろ雪まつり」だろう。二月の上旬に一週間ほど開催されるこの祭典には、全国から、そして最近では海外からも大勢の観光客が押し寄せる。この時期が近付くと、街中の除雪もパワーアップする。道路沿いに積み上げられていた雪山が一夜にしてなくなり、朝、街に出ると突然歩道が広がって歩きやすくなっていることに気づくのも、「雪まつり」直前の恒例だ。

しかし、この「雪まつり」、観光客にはたいそう人気だが、札幌市民は比較的冷ややかで、見物を楽しみにしているという声はあまり聞こえてこなかった。寒い盛りの冬の夜に長時間外にいるなど信じられないとか、札幌に遊びに来た知人にせがまれて案内したら風邪をひいたとか、とにかく混んでいるので人気の大雪像の写真もろくに撮れないとか、ネガティブな発言が多い。また観光客が一気に増えるため、ホテルはすべて満室になるほか、商業施設も飲食店もたいへんに混み合う。馴染みの店の予約が取れなかったり、気忙しい雰囲気になったりするため、わたしも早く「雪まつり」が過ぎ去ってくれるといいのにという思いのほうが強く、期間中はできるだけ家でじっとするようにしていた。

それでも、雪まつりのメイン会場の大通公園は家から近かったので、雪像の制作期間中に何度も周辺を通る機会があった。陸上自衛隊による、ほとんど建築に近い雪像づくりの進行状況を目にするのはけっこうおもしろかった。また、札幌最後の年には、せっかくすぐそばにいるのだからと、人で混み合う前のオープン前夜に様子を見に行った。大通4丁目から12丁目まで歩いてみると、まだ若干の調整を行ったりはしていたが、完成したすべての雪像を見ることができた。ライトアップやプロジェクションマッピングのテストも行われるほか、地元テレビ局による前夜祭イベントなども開催されるので、本番さながらの雰囲気を混雑なしに味わうことができる。北海道グルメの飲食ブースもすでに営業を始めているので、そういうものを楽しみにしている人たちにも空いているこの日はお勧めだ。

正式なオープン前とはいえすでに観光客も多く、路面状況がそれほど悪い晩ではなかったが、やはりあちこちで転倒しそうになっている人々を見かけた。最大の原因が歩きスマホだ。普通の道でも推奨できない行為だが、滑りやすい雪道では自殺行為だ。凍った道を歩くときには、目線も意識も足元に集中し、何かを操作するのならば安全な場所に止まって行うのが鉄則。雪像の写真を撮るときにも、移動しながらファインダーを見るのはとてもあぶない。

雪まつり期間中は一年で最高の人出を見込めるため、屋内でも様々なイベントが企画される。札幌駅前地下歩行空間（チカホ）でも観光イベントが連日開催されるのだが、その中に、アイヌ刺繍作品を中心としたアイヌ工芸品の展示販売があった。

アイヌの文化に関心を持つきっかけは、既述のようにチカホでアイヌ刺繍のタペストリーを見たことだった。その後、アイヌ刺繍を見ることのできる場所があれば何をさておき駆けつけるようになった。札幌市内では、アイヌ刺繍の公的な展示会やコンテストの入賞作品展が年に何度か開催されるほか、プライベートな刺繍グループの発表会などもある。札幌以外では、二風谷や白老はもちろん、アイヌ工芸品店が集まる「アイヌコタン」がある阿寒にも出かけた。刺繍家や工芸家と直接話をする機会もあったので、顔見知りも増えていった。そうした経験を通じ、刺繍の手腕にはさまざまなレベルがあること、作家によって値付けの仕方もかなり違うことなどが分かるようになった。

アイヌ刺繍のイベントは、展示のみの場合と販売も行う場合がある。購入可能な場所では、応援の気持ちもあって積極的に買い物をした。高価な大判のタペストリーや着物にはなかなか手が出なかったが、コースターやポシェットなどから始まり、テーブルセンター、手ごろなサイズのタペストリーといった品を少しずつ手に入れていった。マタンプシ（鉢巻き）、テクンペ（手甲）、レクトゥンペ（チョーカー）、チシポ（針入れ）といった伝統的な品も、気に入ったものが見つかると購入していったので、いつしか手元にはかなりの数のアイヌ刺繍の品々が集まっていた。それらはブログで紹介したが、それまでアイヌ刺繍など見たことがなかった読者が大半だったにもかかわらず、力強い美しさに感銘を受けたという声が多く寄せられた。

「さっぽろ雪まつり」期間中に「チカホ」で行われるアイヌ工芸品の展示販売は、アイヌ刺繍を購入できる貴重な機会だった。家から近かったこともあり、親しくなった刺繍家のブースを中心に毎日のように訪問し、行くたびになにかしら買い物をした。

しかし、外国人観光客の急増もあり、ここ一、二年で状況は徐々に変わりつつあるようだが、自分が札幌にいた当時、アイヌ刺繍の品物はあまり売れなかった。特に値の張る大きな作品は、販売スペースが狭く広げて展示できないこともあって本当に動かなかった。チカホに並ぶ他の販売ブースには立ち寄る人も多く、売り上げもよさそうだったにもかかわらず、アイヌ工芸品のコーナーにはいつも寂しい雰囲気が漂っていた。

「なんだか、わたしが一人で買い物しているみたい」

刺繍家と顔を見合わせ、苦笑した。

この状況は本当にもったいないと思った。北海道の外には、アイヌ刺繍というものを知りさえすれば、魅力を感じ、購入もしたいと思う人たちも少なくないようなのに、彼らがアイヌ刺繍に触れる機会はほぼゼロなのだ。たとえ北海道に旅行に出かけたとしても、アイヌ刺繍に出会うことはなかなかに難しい。札幌市内にアイヌ工芸品を専門にする常設店はないに等しく、不定期の販売イベントについての情報を得ることは、札幌に住んでいてさえ簡単ではない。

このミスマッチは何とかならないものか。この「さっぽろ雪まつり」のイベントをきっかけに考えるようになった。しかしその解消は難しい。

首都圏のデパートやギャラリーに出品しようとすれば、かなりの出店料を覚悟しなければならない。交通費に宿泊代、さらにギャラリー代を負担した場合、かなりの売り上げがなければ赤字になってしまうだろう。販売ノウハウを持つ刺繍家も多くはなく、手仕事なので本当に商品価値のある品は量産も難しい。

だが、たとえそうだとしても、今や同じ国に同じ国民として住む人々の中に、こんな美しいものを作る民族がいるのだということを、本州以南の人たちが知ることは意味があるのではないか。多大な労力を費やして刺繍製品を作ったアイヌの刺繍家が、経済的な見返りを得ることも、もっとあっていいのではないか。そう考え続けて思いついたのが、鎌倉の自宅で小さな展示販売会をやることだった。

家に特別なギャラリースペースがあるわけではない。ごく普通の、どちらかといえば小さめの家だ。それでも以前、突然販売の場を失ってしまった友人のためにリビングを解放して展示会をやってみたことがあり、その後も小さなイベントは自宅で何度か行ってきたので、ノウハウの蓄積は若干あった。自宅ならば大きな売り上げにはほど遠くても、刺繍家側は作品を委託するだけなので、経済的負担はまったくない。来場者は、たとえ購入はしなくても、本当に素晴らしいアイヌ刺繍の作品をたくさん見ることができるので、アイヌ文化の美しさを知る機会が得られるだろう。

そこで、懇意になった、作品の質には文句のない刺繍家に話しを持ちかけてみた。また一年、販売機会もないまま作品をしまいこんでしまうのなら、別の場所で紹介してみたらどうかと。一つでも二つでも売れたらもうけものくらいの気持ちで。彼女はとても喜んで同意してくれた。

二〇一四年の春、第一回目の「アイヌ刺繍展示・販売会」を鎌倉で開催した。作品は大きなスーツケース一杯に詰め、帰宅時に手で運んだ。刺繍家は、高額なので売れない可能性が高いことを承知の上で、手縫いの見事な伝統の着物を三着も渡してくれた。これがアイヌ刺繍の基本なのでぜひ会場に展示してほしいと。そして来場者には自由に試着してもらって構わないという寛大な言葉ももらった。

展示会は、ブログでの告知と、こうした工芸品に関心がありそうな少数の知人に声をかける形で開催したが、その売り上げは、予想をはるかに上回るものとなった。商業店舗ではないので来場者の数は限られていたが、アイヌ刺繍に対する関心と購買意欲をしっかり持った人だけが来場したからだ。主催者としては、展示販売会が他の民族の文化の切り売り的なイベントにならないよう、アイヌ文化全体に意識が及ぶように心がけた。会場ではユカラを流し、アイヌ文化や歴史についての本も並べて自由に手に取ってもらい、アイヌ刺繍の技法、形状、名称と意味について、自分の持てる限りの知識で説明をした。北海道での自分の経験についても話をした。来場者のほとんどがそうした事柄にも関心を示してくれたこともあり、当初の狙いどおり、文化的な雰囲気のイベントになった。

この展示販売会は、毎回若干の内容変更を行いつつ、二〇一七年まで四回にわたって開催した。北海道に住居がなくなった現在は、多くの作品に触れることが難しくなりつつあるが、細々とであってもアイヌ刺繍との縁を切らさずに何らかの活動を続けていければと願っている。

さっぽろ雪まつり開会前日

雪の円山登山

ある冬の朝、購読していた地元紙を開くと興味深い読者投稿が目に入った。投稿者は高齢の男性で、「雪で覆われた円山に毎日登っている」とのこと。「アイゼンをつけると下りは駆け降りることもできるし、夏よりも楽なくらい」なのだそうだ。ルートも踏み固められてはっきりと分かるようになっているらしい。本当に？　ならばめちゃくちゃ楽しそうではないか。毎日ということは、多少の悪天候でも登っているのだろうから、好天を選べば冬山初心者の自分も登れそうな気がする。雪で真っ白になった山を歩くなんて想像しただけでワクワクするし、運動不足になりがちの冬の札幌では願ってもないエクササイズだ。

「円山」は、札幌市中央区にある標高二百二十五メートルの小さな山だ。標高は低いが、周囲から独立しているので、はっきりと山の姿を識別することができる。夏場は小学生や幼稚園児も遠足に出かけるなど誰でも簡単に登れるが、札幌市が一望できる山頂からの眺めはなかなかのものだ。大部分が「円山原生林」として保護されているので、自然がありのままに残っており、シマリスや多様な野鳥も見られる。初夏にはすでに登ったことがあったが、山頂までの所要時間は一時間足らずの手軽で爽快な山歩きだった。

本格的なアイゼンはないが、靴の裏に装着すると「氷の道も普通の道のようにどんどん歩ける」という、ラバーに金属コイルが巻き付いた簡単な滑り止めは持っていた。それをトレッキングシューズに付けて行けるところまで行ってみることにし、さっそく二月下旬の比較的気温の高い晴天の日に出かけてみた。前日には降雪があったので、山はふかふかの新雪に覆われていることだろう。ただしこの日は様子を見に行くにとどめることにした。慎重すぎるかもしれないが、冬山という慣れない環境ではそれくらいがちょうどいいと思ったのだ。前の日にも、円山のすぐそばにある、標高五百三十一メートルの藻岩山で登山客の死亡事故があったばかりだった。

円山のふもとにある「円山動物園」では、人気の双子のホッキョクグマのこぐまがもうすぐ九州の動物園に行ってしまうことになっていた。まず動物園でこぐまに別れを告げてから、円山にも登ってみることにしよう。

円山と円山動物園へは、地下鉄東西線の「円山公園」駅から徒歩で向かう。まずは駅からすぐの「円山公園」を通過すると、雪で真っ白の公園内の築山では、子供たちがタイヤチューブに乗って斜面を滑り降りる遊びに興じていた。思わず参加したくなったが、ぐっとこらえて公園を通り抜け、隣接する北海道神宮へと進んだ。北海道神宮ももちろん白一色。参道にずらりと並んだ石灯篭は三分の一ほどが雪に埋まり、上には円錐形に雪が積もっていて、砂糖細工のキノコのようだった。

北海道神宮を出て車道を渡ると円山原生林エリアに入る。円山登山道の入り口「八十八カ所入口」に着いたところで滑り止めを装着した。実際に雪の上で歩いてみると、これなら雪の山も問題なく登れそうだと感じた。しかし山登りの前にまずは動物園に行くので、登山道には上がらず、川沿いの木道（冬は雪に覆われているのでただの雪道）を歩いた。快適な道だったが、天気のよい週末にもかかわらず、ほかに人の姿はなかった。

靴に付けた滑り止めは効果抜群だが、逆に雪のない場所ではすぐに外さないと滑って歩けない。さいわい到着した円山動物園は一面の雪で、傾斜地に作られているので園内にはスロープも多く、滑り止めはとても役に立った。


雪の動物園。これも初体験だったが、園内をポニーがスタッフに連れられて意外な早足で闊歩していたり、寒さをものともしないエゾシカやペンギンが元気いっぱいだったり、夏場とはまた違う雰囲気が楽しかった。子供たちは皆もこもこのスキーウェアを着て斜面を転げまわっている。

目当てのホッキョクグマ舎には、こぐまとの別れを惜しむ、本格的なカメラ持参の人たちが集まっていた。こぐまはだいぶ大きくなっていたが、しぐさはまだまだ子供っぽく愛らしい。雪の上を転げまわって楽しそうに遊んでいる姿を見ると、九州で雪が恋しくはならないだろうかと心配になった。
円山動物園は「年間パスポート」を持っていたので、いつでも好きなだけ行くことができた。この日はホッキョクグマを見ることが目的だったので短時間で切り上げ、円山の登山に向かった。円山の登山道入口は、先ほどの「八十八カ所入口」の他に、動物園の横にもある。

もしも雪が深ければ、普通のトレッキングシューズでは無理かもしれないと心配していたのだが、幸い道はしっかりと踏み固められており、道を外れなければ問題なく歩くことができた。生まれて初めて歩く真っ白な山は清らかで美しかった。雪のない時期には路面の起伏に注意しながら歩かなければならないが、雪に覆われることで滑らかに連続した傾斜になるので、確かに夏場よりも歩きやすい。ただし足元が柔らかいので、急な坂を上がる際には踏ん張る力が必要となり、けっこうな筋トレ状態になる。

頂上までは三、四十分もあれば登れそうだった。しかし山頂まであと二百メートルぐらいというあたりで時計を見ると、すでに四時を過ぎていた。山頂まで行くと下山するころには暗くなってしまうだろう。夕方になると急速に気温が下がるので、足元も心配だ。これ以上ない絶好の登山日和だったので残念ではあったが、この日は無理に山頂を目指すのはやめ、来た道を戻ることにした。下山の楽ちんさは登り以上で、ほとんど滑り降りるように下ることができた。山頂に行かれなかったとはいえ、とても楽しい経験ができた。

その一週間後。

前日の大雪で札幌市の積雪はついに一メートルを超え、市内は一夜にして雪の壁だらけになった。しかし天気が急速に回復し、気温も上昇してきたので、前週登頂しそこなった円山に再び向かった。そして、この日は山頂に立つことができた。

山頂からは、雪で真っ白になった札幌市の中心部はもちろん、はるか遠方の山脈までくっきりと見渡すことができた。わずかな二百数十メートルの山からの眺めとは思えない、迫力ある美しさだった。

この日は他にも登山客が散見されたが、一週間前に比べて雪は大幅に厚みを増しており、踏み固められている部分は一層狭くなっていたので、すれ違うのが一苦労だった。しかし、木々の枝には鳥の姿があり、雪景色の中にもかすかに春の気配を感じた。小さな子供を連れた家族連れも何組か目にしたが、子供たちは山を下るとき、プラスチックのシートをお尻の下に敷いてソリのように滑り降りていた。そういう道具を何か持ってくればよかった！

慣れない冬の札幌では、とにかく大きな事故を起こさないよう、しばらくは慎重なうえにも慎重に過ごしていた。その甲斐あって雪道での転倒は回避できたが、関東地方の冬とは質の違う寒さにやられ、何度か体調を崩した。繰り返し引く風邪にうんざりし、ふと考え方を変えてみようと思い立った。雪を避けまくるのではなく、懐に飛び込んでみよう、と。雪の不便さだけでなく、楽しさも味わわなくてはもったいない。雪の円山登山に惹かれたのも、そうした心境の変化があったからだった。

冬の円山には翌年も登った。一月下旬の結婚記念日の日だった。その年は高温と低温が繰り返されたため、融雪アイスバーンが生じ、登山道はあちこちが凍っていた。新雪でふかふかだった前年に比べ足元が滑りやすく、トレッキングポールを使ってなんとか歩き終えた。こんな小さな山でも、そして同じような時期に訪れた経験があっても、自然はその都度違う表情を見せるので、決してあなどれない。

それにしても午前中に家を出て山登りをし、午後二時頃には家に戻り、夜は結婚記念日の食事のために街中に繰り出せるというのはうれしい限りだ。都会のすぐそばに豊かな自然があるというのは、なんと素晴らしいことだろう。

今、札幌での暮らしを振り返るとき、大半の人が快適だと言う夏よりも、雪まみれの寒い冬が懐かしく思い浮かぶ。それは、雪国での経験が良くも悪くも強烈な印象を残したこと、そして自発的に「雪の懐に飛び込んでみた」体感があるからかもしれない。

春の平取町で山菜狩り

春になり、しばらく中断されていた平取町行きのバスツアーが再開された。その第一弾が「キナアカㇻ（山菜狩り）体験ツアー」だった。開催日は五月十日。北海道で春が始まるのは、やはり五月になってからだ。

この「キナアカㇻ」もまた、「チプサンケ（舟おろしの儀式）」などと同様、ツアーのための観光イベントではなく、平取町の人たちの伝統行事にツアー客も参加させてもらうという形式だ。午前九時に開始される開会儀式に間に合わせるため、札幌での集合時刻はなんと午前六時四十五分だった。少々大変だが、ありきたりの観光とは違う、地元に根付いた伝統行事に参加できるというのは、得難い体験だ。

朝早く札幌を出発したバスの車窓からは、好天に恵まれたこともあり、さわやかな春の景色が楽しめた。広々とした牧場には、可愛らしい仔馬の姿がたくさんあった。青々とした牧草地、そしてようやく咲いた桜と淡い色合いの新緑。長い冬を耐えた後に見るそうした風景は、温暖な土地に暮らす人々はおそらく経験しえない、独特の解放感と喜びをもたらしてくれる。

「キナアカㇻ」の開催場所に到着すると、まずはバスの中で長靴に履き替えるよう指示された。

そして事前に用意するように言われていたナイフ、軍手、山菜を入れる袋などを携えてバスを降りる。会場には、すでにたくさんの町民が集まっていた。ツアー参加者は班に分けられ、それぞれの班をツアー催行会社や平取町のスタッフがリーダーとして率いるようになっていた。

開会の挨拶に続き、山の恵みをいただくこと、そして大勢が山に入ってしばし騒々しくなることを山の神に詫びるアイヌ伝統の儀式が執り行われた。具体的な説明はなかったが、アイヌの長が、木の枝で酒を撒いて山の神に捧げているようだった。この日はフランスからもドキュメンタリー番組の取材班が来ており、儀式の様子を熱心に撮影していた。

儀式が終わると、さっそく班ごとに山に入る。我々の班のリーダーは地元の若い男性で、ごく普通のグレーの作業着を着ていたが、その腰には、アイヌ文様がびっしりと彫り込まれた「タシロ」と呼ばれる山刀を下げていた。その文様の見事さは圧巻だった。タシロより小さな汎用刀のマキリもそうだが、一生モノのこうした見事な品が日常の中にあるアイヌの人々をうらやましく思った。

この日は町民も大勢参加しているのでツアー客もたくさん話をして交流してほしいと言われたのだが、実はこの日、わたしは風邪の名残で声がまったく出なかった。それ以外はいたって元気だったのだが、なにしろ話ができないので質問したいことがあっても叶わず、残念でならなかった。加えて、先日の講演会の後だったこともあり、顔なじみになった平取町の人たちがわたしを見つけてはあいさつに来てくれたのに、それにもきちんと応えられなかった。「どうしたんですか後藤さん、大丈夫ですか?」とたくさんの人を心配させてしまい、申し訳なかった。

さて山菜。春を告げる山菜の花形ともいえるキトビロ(行者ニンニク)はもう終わってしまったとのことだったが、この日は山菜を手に入れることより、春の美しい平取の雰囲気を思い切り味わいたかったので、収穫の多寡はあまり気にならなかった。高い木々にはまるで緑の霧のように若い芽が萌え始め、足元には青々と濃い緑がある。思いのままに丘を登り、時には浅い沢もざぶざぶと渡りながら山菜を探す。長靴を履いているので徒渉も思いのままだ。都会育ちの人間にそうした経験は新鮮で、この上なく贅沢に思われた。

採れる山菜と、その名前(アイヌ語表記付)、そして気を付けなければならない毒草に関する資料はあらかじめもらっていたが、最初のうちはリーダーに確認しながら採っていった。一番簡単で、量もたくさんあったのが、可憐な白い花をつけた「ニリンソウ」だった。トリカブトと紛らわしい植物だが、この時期トリカブトは花をつけていないということで、花ごとどんどん採っていった。地元で「お宝山菜」として珍重されている、葉の形がモミジに似ている「モミジガサ」も探してみるように言われたが、これを初心者が見つけるのはなかなか難しく、リーダーが採ったものをもらう結果に。カタクリがあちこちで清楚な紫色の花を咲かせており、その間には、柔らかくておいしそうなコゴミが生えていた。

慣れてくると、山菜の探し方のコツも少しだけ分かってきた。

大きなフキの葉をよけると、その下には野生のミツバが潜んでいることが多いと気付いたので、いくらあっても困らないミツバを重点的に集めることにした。ありふれているため誰も見向きもしないヨモギも、天ぷらにするととてもおいしいので、柔らかそうな新芽を集めていった。おもしろかったのがタンポポだ。柔らかな西洋タンポポの葉は、ほろ苦い大人の味で、サラダにしたり、サムギョプサルをする時にサンチュと一緒に巻いたりするととてもよいアクセントになっておいしいのだが、この山の中には、いかにも食べごろのやわらかそうなタンポポの葉がたくさんあったのだ。一応、リーダーにタンポポを食べて大丈夫かどうか聞いてみたのだが、彼は分からず、地元の誰も答えられなかった。そもそもタンポポを食べるということ自体が初耳だと言われた。タンポポは毒草リストにはなかったので、大丈夫と判断して持ち帰った。

土地によって食文化というものは大きく変わる。翌年、ツアーではなく、レンタカーを借りて個人で平取町を訪れた際、山の植物にとても詳しい地元の女性と一緒に春の山歩きを楽しんだ。途中、びっしりと群生している野生のセリを見て狂喜したのだが、その女性はセリには見向きもしなかった。

「このあたりでは、あんまりセリって食べないから」

なんてもったいない！と、わたしは一人でどっさりセリを採集して持ち帰った。

九十分の山菜狩りの時間はまたたく間に終了した。もっともっと山の中に居たかった、と残念でならなかった。山菜などの山の恵みは、必要な分だけを採り、後からくる者（必ずしも人間とは限らない）のためにも残しておくというのがアイヌの考え方だ。その世界観には心から敬意を表するが、わたしのような者が半日くらい山に居ても、それほど収穫はないだろうから、山のカムイも許してくれるのではないだろうか。

引き上げる途中、シカの骨を目撃した。容赦のない自然の摂理。平取の山にはヒグマもたくさん棲んでいる。美しい森や林は人間が山菜と戯れるためのプレイグラウンドではないのだ。

この日の昼食は、イナキビご飯、ニリンソウがたっぷり入ったユクオハウ（鹿汁）、そして何種類かの山菜のお浸しと和え物だった。お代わりも自由にできるたっぷりした量が準備されていて、その手間はいかばかりだったかと頭が下がる。残った山菜の和え物はお土産として持ち帰らせてもらえた。

ツアーから持ち帰った山菜は十種類近くになった。ウド、ヨモギ、モミジガサなどはその日の夜にさっそく天ぷらにした。コゴミはホタテとともにトマトクリームのパスタにしてみた。ほろ苦い野生のタンポポと香り高い天然のミツバはリーフレタスと合わせ、生のまま、コクのあるピーナッツオイルを使ってサラダにしてみた。これまた絶品だった。

山菜狩りは本当に楽しい。食べるものを金で買うのではなく自然から分けてもらうことの豊かさ、心愉しさは計り知れない。しかし今、いろいろな意味で安全に山菜狩りを楽しめる状況はどんどん少なくなっている。山林の減少だけでなく、事故につながる商業目的の無謀な採取や、放射能による汚染があるからだ。自然の中で生かされている人間がそのことを忘れ、経済ばかりを優先させ、自分たちだけが好き勝手してよいのだと思い上がった結果だろう。

アイヌの伝統行事「キナアカㇻ」は、そんな自分たちの足元を見つめる機会も与えてくれた。

腰に下げた「タシロ」

豊平川から「札幌芸術の森」へ、三十キロサイクリング

札幌市内の道路から雪が完全に消えると、自転車生活が復活する。「サッポロファクトリー」内のスーパーに買い物に行くのも、大通公園のすぐ横にあるスポーツクラブに通うのも、雨の心配がない限りすべて自転車になる。車のない札幌では、自転車で重い荷物を運べるというのは、大きな安心感だ。

また、日常生活のために自転車に乗るだけでなく、気候がよくなったら自転車でぜひ走ってみたい場所があった。札幌市街を貫通して流れる豊平川のサイクリングロードだ。

京都の鴨川（賀茂川）、ソウルの漢江（ハンガン）。好きな街には必ずその街の真ん中を流れる川がある。京都もソウルも、それらの川が無かったら同じくらい好きになったかどうか分からないと思うほど、自分にとってその存在は大きい。札幌は自ら選んで訪れた土地ではなかったが、そこにもまた堂々と流れる豊平川があった。自分が目にした北海道の河川は、すべてが清々しく独特の魅力にあふれていた。旭川の石狩川も、平取の沙流川も、そして札幌の豊平川も。新千歳空港から快速エアポートに乗って札幌駅に到着する直前、豊平川を超えるのだが、その時には絶対に川の姿を確認したくて窓から外を見る。いつ見ても胸のすくようなその眺め。

札幌に豊平川があって本当によかった。

豊平川の河川敷にたいそう気持ちのよさそうなサイクリングロードがあることに、バスで定山渓に行った際に気づいた。あの道を自転車で走れば、大好きな川の雰囲気に思う存分浸ることができるだろう。いつか絶対に走りたい。そう願い続けて機会をうかがい、ようやく好天に恵まれた八月の週末に実現させることができた。天気の急変が多く、強風の日も多い札幌だが、その日は一日中穏やかで安定した晴天が望めそうだった。

朝八時半に北三条東2丁目のマンションを出発した。まだ人気の少ない街の中心部をどんどん南下して中島公園へ向かった。間もなく人でにぎわうこの公園も、その時間はまだ静かだった。広い公園の敷地内を快調に通り抜けた後、「幌平橋」から豊平川の河川敷へと下りた。目の前にはサイクリングコースが伸びている。いよいよ憧れのコースを自転車で走るのだ。

真っ青な空のところどころにふわりと白い雲が浮かび、風もほとんどない絶好のサイクリング日よりだった。首都圏だったらそんな天候では熱中症が心配になるが、夏の北海道は気温も湿度も低いので快適そのもの。トレッキング用の七分丈パンツにトレッキングサンダルという軽装で、気持ちよくペダルを踏み、自転車を疾走させた。

川に沿った自転車専用コースは真駒内公園まで続いており、往路は上り坂なので走り切れるか心配だったが、実際に走ってみると、起伏はほとんど感じなかった。人も自転車もまばらなのでこの上なく走りやすく、本格的なロードバイクではない「ママチャリ」でも楽々と走行することができた。やがて右手には藻岩山が見えてきた。青々とした木でびっしりと覆われた夏姿の藻岩山。風を受けつつ山の姿を間近に眺めながら走るのもまた、新鮮な体験だった。

サイクリングロードの途中には、流れる水の中に足を浸すことのできる休憩施設や、子供たちが一日中水遊びできる公園もあった。公園の向こうには、豊平川にかかる橋の中でも一番印象的な、ケーブルが山形に張られた斜張橋「ミュンヘン大橋」が望めた。

川べりでは、夏だというのにまだアジサイが元気に咲いていた。ムクゲも花の盛りだった。札幌市にはムクゲがとても多い。紫色で花弁が細めのもの、ふっくらとしてピンクの斑が入ったものなど、種類も豊富だ。花のサイズも大きく、地味だと思っていたムクゲがハイビスカスの仲間だということを札幌に来て実感するようになった。

そんな花越しに、滔々と流れる豊平川を眺め、水場では自転車を下りて水に足を浸して涼みつつ、サイクリングロードを進んでいった。前方には、藻岩山よりはるかに急峻な定山渓の山々が見えてくる。やがてサイクリングロードは豊平川の支流に沿って進むようになり、細い土手上の道となる。周囲の木々が近づき、緑が濃くなったと思っていると、いつのまにか真駒内公園に到着していた。意外なほどあっけない サイクリングロード走破だった。

真駒内公園内のサイクリングコースも自然いっぱいで美しく、所々で写真を撮りながら走り抜けたが、それでもまだスタートから一時間半しか経っていなかった。一応、目的地は真駒内公園に定めていたのだが、まだまだ走れそうだったので、石山方面へ向かい、真駒内通を走って、いつか訪れてみようと思っていた「札幌芸術の森」に行ってみることにした。

真駒内から「札幌芸術の森」までは、それほど急こう配ではないながら、ひたすら上り坂が続く。サイクリングロードはなく、交通量の多い一般道を走らなければならないので、あまり楽しいコースとは言えないが、ギアを変えながら一時間弱の道を何とか走り切った。

「札幌芸術の森」は、一九八六年に開園した、札幌市南区にある市営の都市公園だ。アートな雰囲気が漂う庭園内には、数多くの彫刻やオブジェが展示された野外美術館（有料）や、さまざまなイベントや展示会が開催される施設のほか、別棟に「札幌芸術の森美術館」もある。

北海道の施設としては比較的こぢんまりしており、自転車に長時間乗った後の気軽な散策にはうってつけの場所だった。自転車を適当な場所に停め（もちろんがっちりと施錠）、池の周りを散策したのち、ちょうど工芸館で開催されていた「クラフト展」を見学した。

昼どきになったので、園内にあった、道産野菜を中心とした健康的な料理が並ぶビュッフェ・レストランで昼食をとることにした。上り坂を頑張ったので生ビール付き。この施設に自転車で来るような酔狂な人間はほとんどおらず、大半が自家用車利用なので、入り口では車かどうかを尋ねられた。にっこりと「車ではありません」と宣言し、ビールを頼むのはいい気分だった。そして北海道ではよくあることなのだが、ビールを頼むと店の人がとてもうれしそうな顔をするのはどうしてなのだろう。

道産の茹でトウモロコシ、ラワンブキや姫たけのこの入った煮しめ、道産野菜とキノコの天ぷら、卵豆腐、五穀米のいなりなど、手作り感たっぷりの料理のラインナップは嬉しい限りだった。肉料理はザンギだけで、派手さはないがいくら食べても罪悪感がない。食後にはソフトクリームも楽しめる。野菜好きにはたまらないこの店のビュッフェがたいそう気に入り、このあともここは何度も訪れることになった。広く開放的な窓からは、野外美術館の展示の一部も見える。

帰り道、真駒内公園まではずっと下り坂なので、楽なことこの上なかった。往路とはまさに天と地の違いだ。もしも行き帰りの上り下りが逆だったら、ランチタイムにビールを飲む気持ちにはならなかっただろう。あっという間に真駒内公園に到着し、公園内も楽々と通り抜け、再び豊平川のサイクリングコースに戻った。往路とは反対側の河川敷を走り、途中、川に下りられそうな場所があったので、水の中にも入ってみた。この日は適度な水量だったので、裸足でざぶざぶと川の中を歩き回り、気持ちよい水の流れと足の下の石の感触を楽しんだ。

豊平川サイクリングコース

帰りは幌平橋では上がらず、もう少しサイクリングを楽しもうと、そのまま北上して南一条の「一条大橋」まで走った。そこから一般道へと上がり、マンションに戻った。

往復の走行距離、約三十キロ。

出発時には夏真っ盛りのサイクリングだと思っていたのだが、帰り道の草むらでは秋の虫が鳴き、トンボが飛び交っていた。北海道の夏はやはり短い。ゆく夏を惜しむ、初の豊平川サイクリングとなった。

隣町の「エルフィンロード」でサイクリング

北海道に住むことになったと打ち明けた時、地元の知人の中には、三年の間に北海道の観光地をすべて周って楽しむのだろうと考える人たちが多かった。しかし自分では予想どおりだったのだが、まったくそうはならなかった。特別な縁ができ、何度か宿泊もした平取を除けば、宿泊を伴う道内旅行は、阿寒湖に行くために釧路で一泊した旅と、登山家の旧友に誘われて大雪山を歩くために層雲峡に泊まった旅の二回しかない。

これをもったいないと考える向きもあるかもしれないが、必ずしもそうではないのだ。もともと北海道に観光旅行に行こうという気持ちがなかった人間だからということもあるが、とにかく北海道は広すぎる。例えば近距離だと誤解されることの多い札幌と函館は、JRの走行距離が三百キロ以上ある。東海道に置き換えれば、東京から豊橋と三河安城の中間あたりに相当する。札幌から道東の釧路までの直線距離も、東京から名古屋、あるいは新潟に相当する。鉄道での走行距離はもっと長くなるし、もちろん新幹線などの高速移動手段はない。札幌から道北の稚内も三百キロ越えだ。札幌にいるのに釧路や稚内に行かないのはもったいないと言うのは、東京に転勤になった道産子に、せっかく東京にいるのなら名古屋や新潟に行かないのはもったいないと言うようなものなのだ。また、列車で道内を旅する場合、その本数の少なさ、不便さは東京起点の遠距離列車の比ではない。距離が長ければ料金も当然ながら高くなり、おまけに移動には尋常でない時間がかかる。いっそのこと東京から飛行機で旭川、釧路、稚内、函館などの各空港に飛び、そこから目的地に移動した方がてっとり早い。札幌に住んでいれば、道内のいろいろな場所に気軽に行かれるだろうというのは、はっきり言って幻想だ。

道内の遠出をあまりしなかった理由はもう一つある。札幌の近くには、豊かで面白い自然を満喫できる場所がどっさりあったのだ。豊平川のサイクリングコースや、円山、藻岩山といった札幌市内の山々をはじめ、お金も時間もそれほどかけずに気軽に楽しめる場所はいくらでもある。しかも、本州の大都市近くだったら観光客が殺到しそうなそれらの場所も、自然慣れしている札幌市民には珍しくもないのか、どこも空いていてのんびりしている。

そんな場所の中でも、おそらく札幌市民はほぼノーマークの穴場中の穴場が、札幌市の隣町、北広島市にある「エルフィンロード」だ。

「エルフィンロード」は、北広島市を起点とするサイクリングロードだが、その存在に気付いたのは、繰り返し乗車した、札幌と新千歳空港を結ぶ列車「快速エアポート」の車窓からだった。森の中を通過しながら線路と並走する、この気持ちよさそうな道には、散策やサイクリングを楽しむ人の姿がときおり見うけられた。途中に「エルフィンロード」と大書きされた看板があったのでネットで検索してみたところ、北広島駅から札幌市厚別区にある上野幌（かみのっぽろ）駅近くまで8．1キロにわたって伸びるサイクリング＆ウォーキングロードであることが判明した。上野幌から先も、自転車で走行可能な道が札幌市の中心部まで続いているらしいので、本格的なサイクリストであれば、札幌から走りはじめることもできそうだ。エルフィンロードを往復するだけなら、北広島の駅前でレンタサイクルを借りることもできるとのこと。これはぜひ行ってみたいと思い、快晴の初夏の日を選んで北広島駅へと向かった。北広島駅は、「快速エアポート」に乗れば札幌駅から十六分。さすがにママチャリで土地勘のない北広島まで向かう自信はなかったので、とりあえずレンタサイクルで「エルフィンロード」を往復する計画だった。

北広島市は、サイクリングロードを整備して、札幌と反対側の恵庭市まで延設しようとしている。「北広島」駅には、自転車で構内まで入れるよう、入り口から改札階まで続く長いスロープが設けられていた。

駅前にある、北広島市が運営する自転車貸出所でレンタサイクルを借りた。台数は多くないが、きちんと整備された自転車を一日たった三百円で借りることができた。サイクリングロードはそのすぐそばからスタートする。「エルフィン」というのは小さな妖精という意味で、トレードマークの可愛らしいイラストが道の横のポールに掲示されている。千歳線の線路と平行に、しっかりと舗装され、センターラインも明瞭に引かれた、走りやすいサイクリングロードが伸びている。これから始まる小さなアドベンチャーに胸が躍った。天気の良い週末だったので、本格的なロードバイクで走行する人たちもいた。

周囲に住宅が点在する快適なコースを走っていると、すぐ横の線路を列車が頻繁に通過していく。快速エアポートだけでも十五分間隔で運行されている上、旭川に向かう特急列車や貨物列車なども通るので、列車の種類は多く、鉄道好きには嬉しい光景だ。市街地を抜け、小さな川を超えると、周囲の緑は濃くなり、いよいよサイクリングロードらしい雰囲気になった。これぞまさに車窓からうらやましく見ていたあの道だ。そこをついに走ることができるのだ！

しばらく上り坂を走ると、今度は線路を超える陸橋にさしかかった。橋の上からも、頻繁に往来する列車を眺めることができた。陸橋を渡った後も、線路と並走する快適な道が続き、その道は時おり涼しい森の中を通過する。時節柄、百合根をアイヌが食用にしていたというオオウバユリの白い花もあちこちに咲いていた。やがて、「水辺の広場」という緑地に着いたので、自転車を停めて中を散策してみた。

あちこちから野鳥の声が盛んに響くこの場所は、樹木が空を覆うように密生していて、時おりかすかに聞こえてくる列車の音がなければどこの深山かと思わせる風情だった。周遊路には木製のフェンスや橋が設けられていて、自然な雰囲気を損なうことなく適度に手が入れられていた。緑色の空気を思う存分吸い込み、二十分ほど森林浴を楽しんだ後、サイクリングロードに戻った。

間もなく、列車の中から見えていた「エルフィンロード」の看板が目に入ったので、自転車と一緒に記念撮影をした。そのすぐ先には踏切があり、列車がしょっちゅう通るため、遊びに来ていた近所の子供たちが楽しそうにはしゃいでいた。

正午近くに、「道の駅」ならぬ「自転車の駅」に到着した。ここにもレンタサイクルステーションがあり、車も停められるので、ここで自転車を借りる旅行者もいるようだった。木製のベンチとテーブルが置かれた東屋が広い敷地の中に点在し、清潔なトイレもあった。昼食はここでとることにした。持参したのは、こうした場面での定番、北海道を代表する水産加工品メーカーのジャンボおにぎりだ。札幌駅前に本店があり、朝九時過ぎにおにぎりが搬入されるので、それを待ち受けて購入してから出かける。おにぎりには何種類かあるが、なんといってもおいしいのが、筋子と天然ものの焼鮭がこれでもかと入った贅沢な「ミックス」だ。

お腹も満ち、あたりを見回すと、敷地の中は白、紫、黄色などの天然の草花が咲き乱れていた。ミツバチもたくさん飛んでいて、盛んに花の蜜を吸っている。北広島市は養蜂も盛んで、札幌にもよくはちみつの販売ブースが出ていた。札幌のマンションに常備している道産はちみつもそういえば北広島のもので、いろいろな花の蜜を合わせた「百花」という種類だった。この「自転車の駅」の花畑を眺めたことで「百花」という言葉の意味を実感することができた。

サイクリングロードに戻り、緑の深い林間コースを疾走すると、二十分ほどで上野幌駅に向かう出口の表示が現われた。エルフィンロードは一応そこで終了なのだが、道はそのまま続いていたので、もう少しだけ走ってみることにした。

上野幌は、北広島市と札幌市の境にある。そこからは「ひだまりロード」という名前に変わり、厚別↓大谷地↓白石を通過して札幌中心部まで行くことができる。距離的にはこのまま札幌まで戻ることも難なくできそうだったが、レンタサイクルを借りているので北広島駅に戻らなければならず、厚別川に架かる「虹の橋」を渡ったところで折り返すことにした。

上野幌を過ぎるとサイクリングコースは千歳線の線路から離れ、市街地を走行することになる。やはりサイクリングとして楽しいのは自然がいっぱいで列車も見られるエルフィンロード部分だと感じた。

途中のベンチで休憩を取りながらエルフィンロードを走り戻り、午後三時過ぎに北広島駅で自転車を返した。五時間ほどの楽しいサイクリングだった。

北広島駅構内の産直コーナーで地元の野菜やサクランボなどを格安で購入した後、観光客で大混雑の千歳空港発の「快速エアポート」をやりすごし、各駅停車の列車にのんびり座って札幌駅へと戻った。

気温が高く、北海道にしては湿度も高かったこの日、たくさん体を動かして汗をかいたので、札幌駅前のビアガーデンに立ち寄り、まだまだ明るい北国の夏の夕方においしい生ビールを楽しんだ。ビアガーデンといえば、大通公園の巨大ビアガーデンが有名だが、わたしはこの札幌駅前の広場で堂々営業している駅前ビアガーデンが一番好きだった。東京で言えば、東京駅の真ん前で駅舎を見ながらビールを飲む、といった趣のこのビアガーデン、なんと贅沢なのだろう。おまけにいつ来ても空席が見つかる。どこもかしこも人であふれかえってい

エルフィンロード

る東京にうんざりしていた者には嬉しい場所だった。

お金をかけず、こんな楽しい休日を気ままに過ごせる札幌。どうしてわざわざ大勢の観光客に交じって遠くまで出かける必要があるだろうか。

「さっぽろテレビ塔」階段のぼり

札幌では引っ越しの翌日にスポーツクラブに入会した。鎌倉では二十年近く週二回のスポーツクラブ通いが習慣になっており、それが引っ越しで途切れることがイヤだったのだ。筋力をつけることは至難だが、落ちるのはあっという間なので、トレーニングは切れ目なく継続させたかった。そこであらかじめネットで新しい住まいから近いスポーツクラブを調べておき、「チケット会員」という、常時札幌にいない自分にぴったりの会員種別があるクラブの会員になった。

入会したスポーツクラブは、大通公園のすぐ横のビルにあった。週末は日曜日に行くようになり、ひととおりのメニューを終えてクラブを出る時刻はだいたい午後三時頃だった。

六月のある日曜日、雨続きだった札幌はようやく晴天に恵まれた。その日は「よさこいソーラン祭り」の最終日で、札幌中心部は広範囲にわたって交通規制が敷かれ、大通公園横では一日中熱い演舞が繰り広げられていた。音楽が大音響で鳴り響き、大きな旗があちこちで空を舞っている。

ソーラン祭りは、扮装、音楽、雰囲気のいずれもそれほど好みではなかったので、わざわざ見物に出かけることはなかったのだが、スポーツクラブを出るとたまたま目の前でパフォーマンスが繰り広げられていたので、せっかくだからとすこしだけ見物していくことにした。

出場グループの演者たちは、それぞれ音楽用トレーラーの後について、大通沿いの路上の各箇所で停止しては、何度も何度も繰り返し演舞を披露する。トレーラーの数の多さにも驚いたが、激しい踊りを長時間にわたって続けるスタミナに目を見張った。チームによって技量に差はあるものの、それでも実際に目の当たりにすると、どのグループもなかなかの迫力だった。出番を終えた演者たちが、衣装を着たまま街のあちこちを楽しそうに歩き回っている様子も面白かった。


大通公園の東の端には「さっぽろテレビ塔」がある。ソーラン祭りをひとしきり楽しんだ後、テレビ塔の下で営業を始めているはずのビアガーデンをのぞきに行ったところ、テレビ塔の中を歩いて上っている人の姿が見えた。

そうだった。この週末、普段は一般人が立ち入れない階段を使ってテレビ塔の展望台まで上がる「階段のぼり」というイベントをやっていると新聞に記事が出ていた。

正確には「さっぽろテレビ塔 真・階段のぼり」という名称のこのイベントは、春と秋の二回開催され、春はソーラン祭りにぶつけている。札幌の観光名所の一つである「さっぽろテレビ塔」の展望台への入場料は、エレベーターを使う場合は七百二十円だが（当時）、展望台をゴールとする階段のぼりの参加料は五百円だった。下りは歩いても、エレベーターに乗ってもよいとのこと。展望台には行ったことがなかったので、これは面白そうだと、さっそく五百円を払って順路に向かった。階段の数は四百五十三段。大人の足なら十分から十五分ほどだそうだ。まず外階段を上って三階部分まで上がった後、テレビ塔の中央部に設けられた階段をひたすら上る。エレベーターは階段の横を上り下りする。テレビ塔の八合目あたりに作られた展望台の高さは地上九十メートルだ。

緑の矢印に沿って入口へと進み、さっそく階段を上りはじめたが、意外なことに、高さはそれほどでもないこの最初の部分が一番スリリングだった。三階部分を過ぎると階段は建物の上部になるので足元は見えなくなるが、最初の部分は塔の脚に沿って作られているので、階段の下が丸見えなのだ。階段を上るのは何でもなかったが、下を見ると体がざわざわとした。

やがて階段の色が白に変わり、足元は見えなくなった。代わって四方に景色が広がる。東西南北のすべての眺めが代わる代わる目に飛び込んでくるのが実に楽しい。高さはどんどん上がり、横をエレベーターが頻繁に通過する。手を振ってくれる人たちもいた。

本気で上るとあっという間に着いてしまいそうなので、踊り場ごとに立ち止って景色を堪能し、写真を撮りながら進んでいった。テレビ塔の枠越しだからこそ眺められる眺望をゆっくり楽しまなければもったいない。

やがて、まったく外が見えない区域にさしかかった。時計が表示されている部分の後ろ側に来たのだ。巨大な配電盤があり、ケーブルが張り巡らされ、なるほどマンションの窓から毎日見ているテレビ塔の時計はこんな構造になっているのか、とこれまた興味深かった。

時計の裏側を超えると高度はさらにアップする。北側には創成川が見え、大通公園は西側に見える。これまで大通公園は西側の山から見下ろしてきたので、東側からの眺めが新鮮だった。ときおり真下に目を転じると結構怖い。この日は大丈夫だったが、風が強い場合はこの階段のぼりは中止される。さらに怖ろしかったのが、階段の外に見えるメンテナンス用の通路だった。塔の構造体に沿って作られた通路には金網のフェンスもなく、風も直撃する。そこに立つことを想像しただけで足がすくんだ。

いよいよゴールが近づいてきた。くっきりとした青空のもと、夕方の眺めは本当に美しかった。ソーラン祭りのファイナル進出者が演舞を披露するステージまでよく見えた。

階段を上り終わって展望台に入ると、スタッフが「真・階段のぼり達成証明書」を渡してくれた。

展望室もぐるりと一周してゆっくりと眺望を楽しんだ。足元までガラスになっている部分があり、そのガラスは少しだけ外側に傾いていた。「もたれかかっても大丈夫です」と書かれていたので、野次馬のわたしはもちろんチャレンジした。

階段のぼりは楽しく、予想以上に簡単だった。三往復ぐらいは問題なくできそうだと思った。

さっぽろテレビ塔から見た大通公園

地上に降りると、まだ十分に明るさの残る気持ちのよい夕方だったので、当初の予定どおり、テレビ塔の下のビアガーデンでビールを飲んだ。その年初のビアガーデン。この場所を利用したのは初めてだったが、比較的空いていて、禁煙席があり、テレビ塔の真下なので雨が降っても大丈夫という条件が気に入り、夏の間、何回か訪れた。

札幌という街は、なんとなくうろうろしているだけで、けっこう面白いことに遭遇する。しかも、それほど人が殺到しない。紫陽花目当ての観光客でごった返す六月の鎌倉で、それを懐かしく、うらやましく思い起こしている。

札幌ビール戦争

夏の札幌の楽しみと言えば、大通公園をはじめとしてあちこちでオープンするビアガーデンは外せない。昨今では北海道でも夏場の日中はクーラーなしで過ごすのは少々辛い気温になることもあり、そんな日の終わりには、冷えた生ビールが抗しがたい魅力を放つ。とりわけ外で飲むビールはやはり気持ちがいい。

東京や横浜あたりでは、日が沈んでからもむっとするような蒸し暑さが続くので、わざわざクーラーもない屋外で、じっとり汗ばみながらビールを飲むことにあまり魅力を感じなかった。ちょっと人気のある場所は満席も当たり前で、トイレも混雑する。料理も少々割高だ。しかし札幌のビアガーデンはさすがに違う。大人気の大通公園のビアガーデンは観光客も殺到するので、日によっては空席を見つけるのに少々手間取る場合もあるが、それでも場所を選ばなければ席は見つかるし、万が一ダメでも気分の良いビアガーデンは近くにいくらもある。なによりアウトドアの体感がまるで違う。夜の屋外はさらりと快適で、むしろ肌寒いことさえあるほどだ。

そんな札幌で、関東の猛暑の比ではないものの、当地にしては暑い日が続いたある夏の日、会社帰りの夫と待ち合わせ、夕方の街をぶらぶらと歩いていた。明日あたり久しぶりにビアガーデンで外飲みしようか、などと話していたところ、驚くべき内容の看板が目に入った。我々が札幌で一番足しげく通っていた、地下一階にある広くて小奇麗な居酒屋のものだった。

「生ビール60分飲み放題五〇〇円（前日までのご予約で）」

目を疑った。いったいこの企画、店側にどんなメリットがあるのだろう。

この店の生ビールは、大手メーカーのプレミアムビールで、通常は一杯五三〇円だった。決して場末の飲み屋が出すような怪しげなビールではない。つまりこの企画の場合、一杯目の注文をした時点ですでに三十円得をするのだ。

ほかにも細かなルールが記載されており、延長三〇分ごとに三〇〇円とあるので、席の使用時間に制限があるわけではないらしい。六十分経過した後もビールを飲みたい場合は、仮に三十分に一杯ずつ飲んでいったとしても、通常よりはるかに割安な値段で飲み続けられる。

札幌に来たばかりのころ、どの居酒屋でももれなく実施している飲み放題プランのあまりの安さに驚いた。九〇分、二時間などの時間制限はあるが、生ビールなしなら九八〇円とか、生ビール付きなら一二〇〇円など、首都圏ではありえない価格だった。

しかし生ビールの飲み放題五〇〇円には、それらとは違う衝撃があった。天気の良い日を選んでビアガーデンに行くつもりだった気持ちが完全に変わった。

ビアガーデンのビールは一杯六〇〇円以上で、東京あたりと比べても大差はない。食べ物も通常の居酒屋に比べれば若干割高で、北海道の水準では特別においしいわけでもない。やはり雰囲気優先だ。それを冷静に思いだし、それならおそらく決死の覚悟で頑張っているあの店で一時間だけおいしいビールをしっかり飲み、あとは好きなお酒を飲む方がよさそうではないか。


さっそく「ビールの飲み放題」を予約し、出かけてみた。

看板をじっくり見ると、この飲み放題企画は七月二十日から八月十六日までとなっていた。つまり、大通公園ビアガーデンの時期と完全に重なっているのだ。

繰り返しになるが、この時期の札幌は、いたるところにビアガーデンがある。自宅マンションから歩いて行けるものだけでも、札幌駅前、駅直結の商業ビルの二階屋上、大手百貨店二階テラス、ファッションビルの屋上、ホテルの中庭、創世川沿いの南二条広場、サッポロファクトリー前広場、さっぽろテレビ塔の下などがあり、そしてもちろん、通常のビアガーデン数個分に匹敵する大通公園の巨大ビアガーデンがある。


札幌の人たちはとにかく外飲みが大好きだ。短い夏を満喫しようという思いがあふれているのだろう、割高なビールの値段も、決まりきったつまみのラインナップも、彼らの足を止めることはできない。にわか雨が降ったり、急に寒くなったりと、不安定な北国の夏にもかかわらず、多少の悪天候にもへこたれず外席でジョッキを傾ける姿には「意地」のようなものすら感じられる。

暑い日が続いたその年、客はどうしてもビアガーデンに流れるので、インドアの飲食店は集客に苦労していただろう。ビアガーデン対策のプランであることを考えると、この決死の五〇〇円ビール企画のポイントは「前日までの予約限定」にあると推測される。天気が変わりやすく、前の日の天気予報でさえ当てにならない札幌で、ビアガーデンに行こうと思っていたけど、当日になって天気が悪くなったので、突如インドアの五〇〇円ビール飲み放題に変更というのはダメ、ということなのだろう。店長に聞いてみたところ、やはりその通りだった。

それにしても、東京あたりでやったら長蛇の列になりそうなこの企画だが、店に行ってみるとそれほど大当たりのようには見えなかった。店内にはそれなりに客がいたが、意外にもこの飲み放題プランを頼んでいる客は他に見当たらなかったのだ。

「あんまり反応ないんですよねぇ」と店長も残念そうだった。

激安の飲み放題に慣れてしまっている札幌の人々の心をつかむのはそれほど大変なのだ。思えば、札幌駅に隣接したランドマーク的超高層一流ホテルの、最上階レストランでの人気ランチビュッフェでは、五〇〇円プラスするとワインが飲み放題になった。それほど高級なワインではないが、赤と白がそれぞれ三種類ほど用意され、クリスマス時期にはスパークリングワインも登場する。時間制限もない。その時にもあまりの安さにびっくり仰天したが、この五〇〇円のワイン飲み放題について話した時の相手の反応も、首都圏と北海道とでは歴然たる違いがあった。首都圏の人々は一様に「信じられない！」「うらやましい！」と驚きを共有してくれたのに対し、道産子たちは、まあそういうこともあるかもね、と淡々としていたのだ。

　我々を驚愕させたこの生ビール飲み放題五〇〇円企画も、札幌の人々にはそれほど大きなインパクトを与えられなかっ

大通公園ビアガーデン

たようだ。前日までに予約が必要というところも、面倒なことを嫌う彼らにはアピールしなかったのかもしれない。札幌の生ビール戦争には生半可なことでは勝利できない。

その日、我々はビールの後、ワインを頼み、おいしい料理もいろいろと食べたので、会計は結局いつもとそれほど変わらなかった。我々は、いつもよくしてくれる店に決して損はさせない、お人よしの客なのだ。

ウィスキーと果樹の町、余市を訪ねる

休日には時間もお金もあまりかからず、車がなくても行かれる場所を探して出かけることが多かった我々にとって、ずっと気になっていた場所が余市だった。

余市には、ニッカウヰスキーの工場がある。広々とした敷地内の建物が美しく、ウィスキーの試飲ができ、レストランもおいしいとのことで、酒好き夫婦としては興味をそそられていた。余市川沿いにはしみじみとした趣の遊歩道もあり、写真を見ても観光地然としていないひなびた雰囲気が魅力的だった。小樽まで行き、本数の少ない函館本線に乗り換えなければならないのが少々不便だが、ウィスキー工場は余市駅の目の前なので、到着後の移動に不安はない。

しかし、思いもかけず余市を舞台にしたテレビドラマが始まったことで、一気に余市人気が高まってしまった。ニッカの醸造所も連日大混雑だと聞き、ついつい行きそびれていた。

それでも札幌にいるうちに一度は行ってみたいという気持ちは変わらなかった。混んでいるといってもそこは北海道、ディズニーランドとは違うだろうと、ドラマの終了を待ち、五月初旬の週末に満を持して出かけることにした。

ゴールデンウィーク中だったので、札幌発小樽行きの普通列車は満席だった。小樽から余市

までの列車はワンマン運転の二両編成という可愛いものだったが、車内はラッシュ時の地下鉄なみに混み合った。

ようやく余市駅で降りると、目の前に広がるのどかな風景に一瞬で魅了された。ああここはなんていいところなのだろう。改札口に向かうために渡った駅の陸橋から見た風景がまたよかった。今降りたばかりの小さな列車がトコトコと走り去って行くのが見え、その向こうには、まだ山頂に雪が残る穏やかな姿の山々があった。余市は、海が近いのに山にも囲まれた美しい土地だった。札幌から余市までは五十七キロほどで、東京から鎌倉までの距離とほとんど変わらないのに、まるで小海線に乗って長野の高原にでも来たような雰囲気の変化はどうだろう。

駅を出るとすぐにニッカウヰスキーの醸造所があり、噂にたがわぬ風格のある佇まいだった。入場料は無料。確かに人は多いものの敷地が広いのでまったく気にならなかった。ガイドツアーで工場内を巡る団体客を避けつつ、気ままに中を見て回った。

余市川に沿って作られたこの醸造所は、自然の中に溶け込んだ落ち着きある風情が魅力的だった。ベージュ色の煉瓦の壁と赤いとんがり屋根に統一された建物群は、札幌のビール工場のような威圧感も「国策」の匂いも薄かった。洋酒なのに、ウィスキーを貯蔵するタンクに〆飾りがつけられているのも奥ゆかしい。ニッカウヰスキーの創業者である竹鶴政孝とリタ夫人が暮らした私邸を復元したのだという洋館も、慎ましやかで品の良い佇まいだった。

ここではウィスキーの試飲も楽しみの一つだった。試飲会場のホールに行くと、巨大な半円形のカウンターの上に膨大な数のグラスが美しく整列していた。試飲できるウィスキーは、「竹鶴17年」と「余市10年シングルモルト」の二種類で、好みに合わせて氷、水、そしてハイボール用の炭酸水を自由に使えた。ウィスキーの香りを十分に味わえる形状の、きちんとしたグラスで提供されていたのも好感がもてた。梅の花が見える気持ちの良い外の席に座り、おいしいウィスキーをロックでゆっくりと味わった。

しかし昼食をとろうとレストランへ行ってみると、大変に混雑していて席を待たなければならなかったうえ、雰囲気にもメニューにもそれほど心惹かれなかった。そこで、ニッカの工場から徒歩三十分ほどのところにある、余市ワインのワイナリーに行ってみることにした。ワイナリー内にもレストランがある。

ふだんなら十分に歩ける距離だったが、時間の節約のためタクシーに乗った。余市のタクシーは、初乗り料金が五百五十円（当時）と札幌よりもさらに安かった。あっという間に到着したワイナリーは、広々とした果樹園地帯の中にひっそりとたたずんでいた。低層の建物の周りを爽やかな風が吹き抜けていく。

レストランのメニューは、ワインに合う肉料理、窯焼きのピザなど、なかなか充実していた。もちろんワインもある。雰囲気も、人でごった返していたニッカのレストランとは比べ物にならないほど静かだった。牛肉のワイン煮込みやハンバーグなどの肉料理が盛り合わせられたプレートと、「おすすめピザ」をランチセットで注文した。セットにすると、サラダ、パン、スープなどが食べ放題になる。おいしい北海道産のローストポテトも食べ放題だ。

このランチタイムは予想以上に幸せな体験となった。パンはフォカッチャ、メロンパン、塩ハーブなど、ワインと相性のよいものが用意されており、オニオンスープは玉ねぎたっぷりの濃厚な味で、パンとチーズをのせてオーブンに入れれば立派なオニオングラタンスープになりそうだった。特筆すべきなのがピザで、これまで北海道で食べたピザの中で断然トップのおいしさだったのだ。一口食べた瞬間、食いしん坊の我々は、このピザを食べるために絶対に余市を再訪しようと決めたほどだった。車で来ているため酒類を飲めない他の多くの客を尻目に、徒歩の我々は、「ナイアガラ」という珍しい品種の白ワインをグラスで味わった後、赤ワインのハーフボトルも追加した。

食後は晴れた空の下、果樹園の間を通るのどかな道を歩いて再びニッカウヰスキーの工場へと向かった。

途中、函館本線の線路を横切った直後、めったに来ないはずの列車がやってきた。どこまでも広がる畑と果樹園の中を、低く連なる山を背景にゆっくり走る二両編成の列車。まるで一枚のパステル画のようだった。果樹園の中で特に印象的だったのが、白い花が盛りのサクランボ

余市駅

だった。サクランボの受粉にはミツバチを使うそうで、ミツバチの巣箱もあった。

三十分ほどでニッカウヰスキー醸造所に戻り、そのまま醸造所の裏手を流れる余市川に沿った遊歩道を散策した。この道ののどかな風情も心に沁みた。「リタの散歩道」とも呼ばれているそうだが、こんな自然の中だからこそ、日本人と結婚した外国人女性が、多くの試練に見舞われながらも頑張っていけたのではないかと自然に感じられた。

午前中に見そびれた工場内の博物館を見学した後、午後四時半に、ちょうど空席があった高速バスに乗って札幌へ戻った。余市から小樽まで、列車は山の中を走るが、バスは海沿いを走る。帰路には、列車からは見られなかった海岸線の景観も楽しむことができた。

片道千円ちょっとの交通費とランチ代だけで、楽しい一日を過ごすことができた。美しい自然に抱かれた余市の穏やかな佇まいは、札幌に戻ってからも心から消えなかった。

余市再訪、仁木町でサクランボ狩り

余市での楽しい時間の余韻に浸っていたその年の夏、余市を再訪するチャンスが訪れた。今度はウィスキーではなく、おいしい果物を目的として。

北海道最後の夏となったその年の夏ほど、北海道の果物をたくさん食べた年はなかった。札幌の友人に「富良野メロンよりおいしい」と教えてもらった「穂別メロン」もおいしく味わったほか、道産の生のプルーンのおいしさにもはまり、見つけると買って食べたのだが、なんといっても夢中で食べたのが道産のサクランボだった。サクランボといえば山形が有名だが、北海道でもサクランボはたくさん採れるのだということを知った。品種もいろいろあるうえ値段も手ごろだ。

余市に隣接する仁木町は、サクランボの産地だった。観光農園もたくさんあり、その年は稀にみる豊作につき、通常は七月中旬までのサクランボ狩りが八月初旬まで延長されていた。仁木町の最寄駅は余市駅だ。八月に入ってからそのことを知り、念願の余市を再訪しつつ、一度やってみたかったサクランボ狩りを楽しむことにした。もしかしたら一生に一度のチャンスかもしれない。

現地でできるだけゆっくり過ごすため、七時過ぎに札幌駅を出る電車に乗り、余市駅へ。ほとんどの人たちは、ニッカウヰスキーの醸造所に向かって行ったが、我々は反対の仁木町方向に。サクランボ農園まで歩くのだ。目指す観光農園は駅から四キロ弱あり、タクシーに乗れば五分ほどだが、途中の素晴らしい景観をゆっくり味わおうと敢えて徒歩で向かった。

山に囲まれた土地には、青々とした水田が広がっている。車も人もまったく通らない静かな空間。歩き進むうちに、予想外の美しい光景が目に飛び込んできた。ブドウ畑だった。整然と並んだ立木のものと棚状のものがあったが、どちらも生き生きと葉を茂らせ、実もすでにたくさんついていた。アメリカやオーストラリアで訪ねたワイナリーのブドウ畑はどこも立木だったので、立ち木がワイン用、棚が食用だろうかと想像をめぐらした。果樹園は少し高い場所にあるので、途中からは緩やかな上り坂を歩くことになり、ふと背後を振り返ると、余市の町と真っ青な日本海が見えた。

一時間ほどの、この上なく快適だが日焼け必至の散策の後、観光農園に到着した。持ち帰りはせず、食べるだけのチケットを千百円で購入した。時間制限はないとのこと。嬉しいことに、ブルーベリーとプラムも実っているので、そちらも食べていいとのことだった。サクランボの収穫時期が延びたことでプラムとブルーベリーの収穫時期と重なったのだ。

さっそくサクランボの木々が生い茂る果樹園に入り、サクランボ狩りを開始した。下の方の実が終わっている木の近くには脚立が用意されているので、それに登って採ったが、奥に進むと脚立なしで採れる木もたくさんあった。佐藤錦、陽光など有名な品種の他、初めて聞く品種もいろいろあり、種類の多さに驚いた。実をもぎながらどんどん食べていったが、サクランボは小さいのでたくさん食べられるのがうれしい。実は、朝食抜きで臨んでいた。

そろそろサクランボは飽きてきたかなぁというころ、ブルーベリーの畑に出た。鎌倉の家の庭にもブルーベリーはあるのだが、さすがプロの作ったものは実が大きくて立派だった。

ブルーベリーを堪能した後は、いよいよプラムだ。

紅色のプラムが木にたくさん成っている様子はいかにも豊饒な雰囲気で、「桃源郷」という言葉が自然に浮かんだ。プラムは一つ食べればいいと思っていたのだが、木で熟した果肉は甘いだけでなく皮の周りに爽やかな酸味があって想像以上においしく、よく熟した小さ目のものを厳選し、五個ぐらい食べてしまった。

いつのまにか一時間以上経過していたが、最後にどうしても探したかったのが、黄色いサクランボだった。数がとても少ないうえ、すでに実が少なくなっていて木の上の方にしかないと教えられたが、なんとか見つけ出すことができた。品種名は「月山錦」。粒が大きく、食べ応えのあるサクランボだった。

サクランボ狩りを堪能した後に向かったのは、あの余市ワインのワイナリーだ。もちろんワインをゆっくりと楽しみながら、おいしいピザを食べるのだ。

仁木町からワイナリーへ向かうのは初めてなので、あらかじめGoogleマップをプリントしておいた。農地の中を歩くため少々分かりにくかったが、その甲斐のある気持ちのよい道だった。標識もあったので、五十分ほど歩いて無事に到着できた。果物をたくさん食べたのに、すでに空腹になっていた。

工場見学も試飲も行わず、まっすぐレストランに向かい、今回は赤ワインをボトルで注文した。料理はピザに的を絞り、ニシンとキタアカリの白いピザと、「本日のスペシャル」だったキノコたっぷりトマトソースのピザを選んだ。窯焼きピザは期待を裏切らないおいしさだった。食べ放題のサラダもシンプルだが、ふわふわの道産レタスがとても新鮮で、クラシカルなフレンチドレッシングがワインにぴったり。小さな皿なので、三回もお代わりをした。

周りを見回すと、みな車で来ているらしく、ワインを飲んでいる客は他に見当たらなかった。自分たちのテーブルにだけワインのボトルがあるのはとてもぜいたくな気分だった。ワインを頼んだ場合だけオーダーできるというチーズセットも追加し、二時間かけてのんびりとランチを楽しんだ。カジュアルな雰囲気のレストランだが、席を待つ人もおらず、好きなだけゆっくりと過ごせる。まさに至福のひと時だった。

ニシンとキタアカリのピザ

レストランを出るころにはワインの酔いもほとんど覚めていたので、歩いて余市駅まで向かうことにした。快晴だった空は午後になると雲に覆われてしまったので、午前中にたくさん活動しておいて本当によかったと思った。

道の横では青々とした稲が風に揺れ、トウモロコシも実ができ始めていた。おいしそうなカボチャがごろりと葉の陰に姿を見せ、ジャガイモの白い花も咲いていた。果樹園ではブドウとリンゴの実がデュエット。春には白い花を咲かせていたプルーンの木も、紫色の実がたわわに実っていた。夢のように豊かな仁木と余市の作物たち！

バスに乗るために余市駅の前を通りかかると、ニッカウヰスキーの蒸留所はこの日も大勢の観光客でにぎわっていた。その日の北海道新聞にも記事が出ていたが、余市の人気はドラマが終わっても一向に衰えず、積丹半島と合わせて、北海道旅行の人気エリアとして定着したようだ。それは、深く頷ける。

恵庭のワンコイン紅葉ツアーを楽しむ

　札幌駅と新千歳空港を結ぶ「快速エアポート」に乗ると、途中、「恵庭」という駅を通過する。恵庭市は、札幌市と新千歳空港のだいたい中間地点にあり、独特のとがった山頂が特徴的な恵庭岳を望むことができる。「えにわ」という地名は、アイヌ語で鋭くとがった山を意味する「エンイワ」に由来しているとのこと。

　恵庭市は、「ガーデニングのまち」をめざし、街路樹の整備や民家の庭の緑化を積極的に推進している。広々とした庭園と牧場で遊べる「えこりん村」という観光施設はあるが、観光地としてそれほどメジャーとはいえない静かな街だ。

　そんな恵庭市が「紅葉バス」を初めて運行するという記事を、札幌二年目の秋、地元紙で見つけた。紅葉シーズンの四日間限定で、午前十時、十一時、十二時の三回、市のバスが恵庭駅を出発し、四十分ほど走って恵庭渓谷に向かい、そこで二時間ほど滞在したあと、再びバスに乗って恵庭駅に戻るというシンプルこの上ないバスツアーだった。渓谷での滞在時間中はすべて自由行動で、料金は一人たったの五百円。定員は各回二十八人で、紅葉が楽しめるだけでなく、渓谷には見ごたえのある滝もあるらしい。これはまさに自分たちにうってつけの企画だと、夫と二人分の申し込みをするため、急いで恵庭市役所に電話をした。新聞に出たので、あっという間に満員になってしまうのではないかと心配したが、予約はあっさりととれた。

天気だけが気がかりだったが、幸いなことに当日は晴天に恵まれ、十時出発のバスに間に合うよう、うきうきと恵庭駅へと向かった。恵庭市役所からは事前に恵庭渓谷の詳しいカラー地図が郵送されてきていた。恵庭渓谷には、渓谷の中を流れるラルマナイ川に沿って三つの個性的な滝があるようだった。

我々の乗ったツアーバスは満員だったが、まだ空きのある回もあったようで、新聞の後テレビでも紹介されたのに、と意外だった。これほど手軽で安いツアーは、もしも首都圏だったらあっという間に満席になり、キャンセル待ちもありうる。北海道はやはり人が少ないのか、気が向いたら車で勝手に行けばいいと思っているのか、毎度のことながらそののんびりぶりには驚かされる。見事な自然もあちこちに当たり前のように広がっており、地元の見どころになんとか人を呼び込もうとする自治体の取り組みを成功させるのはなかなかに大変そうだ。

出発地の恵庭駅前と到着地の恵庭渓谷には市役所の職員が配置されていたほか、バスにはボランティアガイドの女性が同乗し、恵庭市とその自然について説明をしてくれた。休日返上の努力と誠実な態度に頭が下がった。

国道を快走して目的地に到着すると、そこがすでに第一の絶景ポイント「白扇（はくせん）の滝」のすぐそばだった。ツアーバス乗降エリアは自然がたっぷりで紅葉も美しく、平らに整備された区域では「えにわマルシェ」というイベントもツアーに合わせて開催されていた。名物の「恵庭バーガー」、地元のパン、ハスカップ入りおにぎりなどを販売するテントが並び、テーブルと椅子も用意されていた。自由行動なので、さっそくそれらのブースを覗きに行った参加者もいたが、わたしと夫はまっすぐ滝へと向かった。

滔々と流れるラルマナイ川の底は岩盤なのだそうだ。なるほど一枚岩のため、底に石や土が堆積している川とは趣が異なる。遊歩道に沿ってほぼ水平に流れる川の底が突如として垂直に切り立ったところに「白扇の滝」があった。高さ十五メートル、幅十八メートルのこの滝は、白い扇を広げたように見えることからこのように呼ばれている。流れ落ちる滝の水は、真黒な岩盤を背景にしているのでその白さがいっそう際立ち、迫力ある姿だった。滝のすぐそばまで近づくことができるので、上方からも滝を眺められる。少し離れれば滝の全景も堪能できる。周囲の紅葉もまさに見ごろで、真紅から黄色へと鮮やかなグラデーションを見せる木々の背後に、漆黒の岩とまさに白い扇のような迫力ある滝が望めた。撮影ポイントには事欠かず、微妙に場所を変えつつたくさん写真を撮った。

次の「ラルマナイの滝」へは、「恵庭岳公園線」という国道を歩いて向かう。「滝見広場」に入ると橋があり、橋の上に立つと、前方から勢いよく流れ込むラルマナイの滝を正面から望むことができた。岩盤の川底はひな壇になっており、複数の段差によって繰り返し白い瀑布を形成する滝は、とても個性的な姿だ。滝の両側に生い茂る木々の紅葉も見事だった。

三番目の「三段の滝」までは、さらに国道沿いを歩いていくのだが、道から見上げる山々も秋色に染まり、ため息が出るほど美しかった。カラフルな山の背後には真っ青な空と純白の雲。国道は、うねるように流れるラルマナイ川の上を何度か通過するので、そのたびに橋の上から川を眺め下ろしてみた。川の周りはどこまでも真黒な岩盤で、岩の漆黒と、真紅あるいはオレンジ色の紅葉のコントラストがドラマチックだった。札幌のすぐ近くに、これほどの絶景を手軽に楽しめる場所があったとは。さすが北海道は自然美の宝庫だと痛感したが、札幌に戻り、この日の経験を地元の知人たちに話したところ、意外にも恵庭渓谷を知っている人は皆無だった。なんともったいないことだろう。

最後の見所「三段の滝」に到着すると、滝はその名のとおり、水が三段階に連続して流れ落ちていた。橋の上から見下ろしたあと、河原にも下りてみると、滝つぼの近くには巨大な流木が積み上がり、なんとコンクリートの橋まで流されてきていた。前月に大雨が降り、ラルマナイ川が大増水した時に上流から流されてきたものらしい。北海道の自然の苛烈さと威力はやはり生半可ではない。それでも滝の眺めは素晴らしく、ここには本格的なカメラを携えて撮影に訪れている人たちも多く見受けられた。

三つの滝をゆっくりと堪能し、マイナスイオンをたっぷり浴びた後、スタート地点へと折り返した。途中、ラルマナイの滝の横に入口のある「島松滝の沢林道」を少しだけ歩いてみた。落ち葉が堆積したサクサクと歩きやすい道に沿って細い川が静かに流れる快適この上ない場所だった。時間制限がなければもう少し先まで行きたいところだった。

スタート地点に戻るとちょうど昼食時だったので、「えにわマルシェ」で、「豆腐パテを使ったヘルシーな「恵庭バーガー」と、新米のおにぎりを買って食べた。ラルマナイ川を眺めながらの楽しいピクニックランチだった。

ツアーバスは予定通り十二時半に渓谷を出発し、一時に恵庭駅に到着した。半日で手軽かつ安価に紅葉と滝を楽しんだ、印象深い秋の一日だった。

この恵庭市の「紅葉バスツアー」は、札幌最後の秋となった二〇一五年にも実施された。前年の参加者には市役所から案内が送られてきたので、二年連続で参加した。前日は雨で中止になったそうだが、我々が参加した日はまたしても晴天に恵まれ、前年と同じく紅葉と滝を存分に堪能した。ツアーの認知度がアップしたのか、前年よりも参加者が増えているようで、「えにわマルシェ」の出店も前年より多く賑やかになっていた。基本的に自由行動という内容はその

白扇の滝

ままだったが、スタッフが何人か一緒にコースを歩いて説明を行うなど、より良い企画にしていこうという姿勢も伺えた。この年は車でやって来た紅葉見物の客で駐車場はかなり混雑していたので、渋滞回避や環境保全のためにも、こうした自治体主催のリーズナブルなツアーは有益だと思う。

我々が札幌から退去した後、二〇一六年にもこの恵庭の紅葉バスツアーは催行されたようだ。どうやら企画は成功し、定着しつつあるらしい。初回参加者としてはちょっぴり誇らしく、嬉しい。

「アシㇼチェㇷ゚ノミ」でサケを獲る

北海道の秋にサケの遡上の話題は欠かせない。札幌市を流れる豊平川でも、一時見られなくなっていたサケの遡上が、稚魚の大量放出によって復活している。今では年平均千匹ほどが安定的に遡上するようになっているようだ。サケの遡上が確認されると、道内のニュースでも伝えられる。

サケは、北海道の先住民族アイヌにとっても重要な存在だった。明治政府によりサケの自由な捕獲が禁止されるまで、サケはアイヌの主食であり、交易品であり、同時に大切な「神の魚」でもあった。秋には最初に遡上したサケを「新しいサケ」として迎え入れ、神に捧げて豊漁を願う「アシㇼチェㇷ゚ノミ」という儀式が執り行われていた。「アシㇼ」とは、アイヌ語で「新しい」、「チェㇷ゚」は「サケ」、「ノミ」は「(神に)祈る」という意味だ。この儀式は長らく途絶えていたが、現在はアイヌ文化にゆかりの深い道内各地で復活している。札幌でも豊平川でアシㇼチェㇷ゚ノミが行われており、あの平取町、二風谷でも二〇〇八年にイオル(アイヌの文化的生活空間)再生事業の一環として復活している。その二風谷のアシㇼチェㇷ゚ノミ見学を目的とした札幌発のバスツアーが、おなじみの「平取町文化的景観ツアー」として二〇一四年に初めて実施されることになった。これを逃す手はないと、夫と二人さっそく参加を決めた。このツアーでは、「チプサンケ（舟おろしの儀式）」や「イチャ（穀物の収穫）」でも見学した「カムイノミ（神に祈る儀式）」だけでなく、サケを伝統的な方法で捕獲する様子も見られるとのことで期待が高まった。

ツアーは平取町で朝九時から始まる儀式に間に合わせるため、札幌バスターミナルの集合時間はまたしても朝六時四十五分と早かったが、定員いっぱいの参加者は一人も遅れることなく集合した。

バスの車窓からは、恵庭岳が見えた。これまで何気なく見ていた山だったが、恵庭渓谷に出かけたことで親しみ深い山となった。

バスは定刻に平取町、二風谷に到着した。儀式はサケがいる川のほとりで行われるので、バスを降り、細い道を歩いて向かった。道の両脇には秋色に染まった木々が朝日を受けて輝いていた。やがて目の前に細い川が現れた。二カ所をせき止め、適度に浅くなるよう水量をコントロールした細い支流の中にサケがいるようだ。岸には伝統漁法に使う漁具も用意されていた。「アプ」という鉤針（かぎばり）タイプと、「マレク」という可動式の鉤銛（かぎもり）タイプの二種類があった。どちらも長い竿の先に付けて使う。

儀式の準備が整うまで、ツアー客は川を覗きこんだり、ヌサ（祭壇）や儀式に使う器類、そして漁具などを眺めたりしてすごした。柳で作られた丈の長いイナゥ（木幣）が何本も飾られた祭壇の前には囲炉裏が切られ、火が熾こされている。黄色く紅葉した木々を背景に立てられた真っ白なイナゥが清らかで美しかった。今回の儀式は、後継者育成ということで二人の若者が祭司を担当したが、そのうちの一人はチプサンケの時に我々が乗った舟の船頭を務めた男性だった。祭司はサパウンペという幣冠を被るのだが、サパウンペの正面にはクマの彫り物がついていて、その造形がなかなか愛らしい。

開会のあいさつの後、祭司の二人は無造作に立ち上がり、漁具を手に川へと向かった。意外な急展開に驚いていると、二人はあっという間にサケを捕獲し、棒で頭をたたいて気絶させた。これはサケの魂を神の国に送り返すためだそうで、棒にもイナゥが飾られていた。祭司は、胴体の中央部が美しい赤紫色に染まった立派なサケを手に下げて運び、イナゥと一緒に大きな木の器に入れた。囲炉裏の前のゴザに腰をおろし、いよいよ儀式が始まった。

神への言葉を唱える際、若い祭司は紙を見ながらだったので、後からわたしに話しかけてきた地元の長老は残念がっていたが、「新人」なので仕方がない。イクパスイ（捧酒箸）でトゥキ（椀）の中の酒をかけ、火の神と川の神に感謝をささげる。背後のイナゥにも酒をかけ、儀式は終了した。

その後、川の中にいるサケをすべて捕獲するのだという。ツアー参加者も体験させてもらえることになり、希望者は漁具を手に川に向かった。

川面を覗きこむと、中にはサケの姿がたくさん見えた。まずは地元の長老があっという間に一匹を捕獲した。わたしは写真撮影に専念することにしたのだが、漁具を借りた夫は意外にもすぐさま捕獲に成功した。鈎針が刺さったサケはさかんに暴れるので、かなりの重さを感じたそうだ。サケの力はとても強く、ようやく岸に引き上げたサケがなおも砂を跳ね返して暴れたため、カメラのレンズが汚れてしまったほどだ。産卵期特有の鮮やかな色に体を染めたサケがあちこちでバシャバシャと大きな水音を立て、人々がそれを夢中で捕獲していく様子は、見ているだけでもとっても楽しかった。ツアー客も町民もつぎつぎに伝統的な捕獲に挑戦し、中には扱いが難しい「マレク」で上手に捕獲する者も現れた。

たくさんいたサケは、三十分ほどですべて捕獲された。その後、新しいサケを無事迎えたことを神に報告する短い儀式が行われた。

アシㇼチェㇷ゚ノミの後は、ちょうど盛りを迎えていた紅葉を見物しに行き、そのまま昼食会場へと向かった。

新しいサケ「アシㇼチェㇷ゚」は、集落全体にお裾分けするのが昔の風習だったそうで、それに倣い、昼食会場にはサケ料理が用意されていた。サケのアラを使ったオハウ（汁）、イナキビと豆入りのご飯、サケの切り身の南蛮漬けというメニューだったが、南蛮漬けは大きな切り身が一人三枚もあった。どれも大変に味わい深く、オハウは全員がお代わりをしてもまだ余るほど、大きな鍋にたっぷりと用意されていて、いつもながらその準備には感謝でいっぱいだった。実はこの平取町のバスツアーに先立って、札幌の北海道大学構内で行われたカムイノミにも参加する機会があった。その時にもチェプオハウをふるまわれたが、そちらは塩味だった。これに対して二風谷のオハウは味噌味で、どちらもジャガイモ、ニンジン、ネギなど野菜がどっさり入っていておいしかったのだが、二風谷のオハウには、春の山菜狩りの時に覚えたニリンソウがたくさん入っていた。このため野趣に富み、香りがたいそうよかった。

昼食後、ツアーの行程では温泉に行くことになっていたが、わたしと夫は最後の集合場所と時間を確認の上、ツアーとは別れて、二風谷の木工芸家、貝澤徹氏の工房を訪ねることにしていた。半年以上前に注文した念願の「イタ（木彫りの盆）」を受け取るためだ。

工芸家たちの工房が点在する「匠の道」の脇では、アットゥシ織の原料のオヒョウの木の皮を洗っている女性たちに遭遇した。森に入ってオヒョウの木の皮を剥いだ後、こうしてきれいに洗い、繊維にし、糸につむぎ、さらにそれを織物にするのだ。「二風谷アットゥシ」は「二風谷イタ」とともに、二〇一三年に北海道で初めて経済産業省による「伝統的工芸品」に指定された。今は大変に高価なアットゥシ織だが、この手間を考えると納得だ。

アシリチェプノミに参加した翌年の秋、今度はツアーではなく、自分でレンタカーを運転して秋の二風谷に向かった。目的はやはり遡上してきたサケを見ることだった。平取ツアーで何度も顔を合わせ、その後SNSでもやりとりをするようになったSさんという二風谷の女性が、家の近くの川にサケが上ってきているので案内すると連絡してくれたのだ。

その川とは、前年アシリチェプノミを行った川だった。しかし今度は儀式のためではなく純然たる自然の営みだ。

浅い川に近づくと、ビチビチと跳ねるサケがたくさんいた。手づかみできるほど近い場所にもサケはおり、想像以上の数に驚くとともに、そんな光景を間近に見ているという事実が信じられない気分だった。よく見ると多くのサケの体表は傷だらけだった。そして川の中にも、岸の上にも、ホッチャレと呼ばれる、力尽きて死んでしまったサケがたくさんいた。厳しい自然の中で生き物が命を繋ぐことは過酷で、人間が生き物の命をいただくときにはそうした事実を忘れてはならないと思う。

ふと向こう岸を見ると、キタキツネが姿を現していた。キツネは自分の胴体ほどもあるホッチャレをくわえ、なんとか引っ張り上げようと奮闘していた。

その後、Sさんの案内で森を散策し、木々やキノコを観察した。普通の観光では到底経験できない贅沢な時間だった。昼食をはさんで、午後は夏のバスツアーで歩いたカンカンガロウに

儀式のために捕獲されたサケ

も再び降り立った。最後にSさんとっておきの場所で山栗を拾ったが、そちらにはエゾリスが登場し、木の上でさかんに栗を食べていた。Sさんは、帰り際に前日に採っておいたのだという、キノコハンター垂涎の「落葉キノコ」をたくさん持たせてくれた。

Sさんと別れた後、すでに夕闇が迫っていたが、最後に大好きな沙流川を眺めようと、川のほとりの遊歩道を歩いた。

静寂が支配する中、水色からオレンジ色へと変わる空のグラデーションを背景に、濃い灰色のシルエットとなった山が川面にくっきりと映る光景はあまりにも美しかった。さすがにそろそろ帰らなければならないのだが、どうにも立ち去り難く、しばし川のほとりにたたずんでいた。

するの突然、まるで物語の一場面のように広い川の水面がゆらゆらと動いた。そして一匹のサケが足元まで泳ぎ寄ってきたのだ！サケは、驚くわたしの目の前をゆっくりと通過した後、川の中央へと静かに去っていった。

「さよなら、またね〜」

平取町、二風谷での最後の秋となったその日、神の魚がそう言いに来てくれたような気がした。

千歳川をのぞける「千歳水族館」

札幌での最後の秋、平取町まで行かなくても、川を遡上する天然のサケを見ることのできる場所がもう一つあることを新聞の記事で知った。千歳市にある「サケのふるさと　千歳水族館」だ。この水族館は、日本最大級の淡水の水槽があることで知られているが、もう一つ、千歳川の中を直接見ることのできる「水中観察室」という画期的な区画がある。そこでは千歳川に棲む生きものの生態を通年観察することができるのだが、秋に千歳川を遡上してきたサケに運よく遭遇すれば、目の高さでその姿を見ることができるのだ。この水族館は、二〇一五年八月に淡水魚を増やすなどリニューアルされたばかりで、何かと話題の的だった。

札幌から千歳までは、快速列車で三十分ほど。千歳駅から水族館までは徒歩十分ほどなので、車がなくても行くことができる。

札幌での三回目の秋、北海道のあちこちでサケの遡上の便りが聞かれるようになると、北海道を去る前にサケの姿をもう一度見ておきたくなり、「千歳水族館」に行くことを思い立った。水槽で泳いでいるサケなら確実に見られるし、運が良ければ川の中のサケも見られるかもしれない。サケを見られる確率は高くないが、何やら運試しのようで胸がときめいた。そこで、すでにダウンジャケットが必要なくらい肌寒くなった十月初旬の日曜日に、夫と「千歳水族館」に出かけてみた。

千歳駅前は、北海道のどの駅もたいていそうであるようにガランとしていた。人気のない広い道を歩いていくと、やがて「千歳川」が見えてきた。支笏湖を源とする一級河川だ。この日、川の流れは穏やかで、実のところ、それはサケの遡上を見るにはいい条件ではなかった。

川のほとりには「あたたかくサケを見守る市民の目」と書かれた大きな木の看板があり、川に架かる橋には水面に身を躍らせるサケが描かれたステンドグラス風のパネルがはめ込まれていた。水族館の名前にも「サケのふるさと」と冠されていて、千歳市および千歳川とサケとの結びつきの強さがうかがえた。

まずは橋の上から川を覗いてみたが、サケの姿はなかった。そのままのどかな川べりを歩いてみた。日曜日ということで地元の家族連れがたくさんいて、みな釣竿を手にしていた。魚はどんどん釣れているようで、千歳川はサケが上ってくるだけでなく、たくさんの魚が棲む豊かな川だということが分かった。

水族館近くの川の中には「インディアン水車」という捕魚機が設置されていた。これは養殖に使うサケの親魚を捕獲するためのもので、動力を使わず水力だけで駆動されている。よほど大量のサケが遡上しないとこの水車でサケを捕獲する様子は見られないが、赤と青に塗り分けられた姿はよく目立ち、水族館のランドマーク的存在だ。

水族館の中に入ると、淡水魚に特化した施設には、それならではの興味深い展示がいろいろあったが、なんといっても圧巻だったのが大人の身長の二倍以上ある巨大な水槽の中を猛烈なスピードで泳ぎまわるサケの展示だった。上からライトで照らされているので、サケの模様がくっきりと見える。サケは水槽のすぐそばまで泳ぎ寄ってくるので、その顔を目の前で見られるのも迫力満点だった。つるりと丸みのある顔がメス、鼻が鉤型でエラの張った顔がオスという特徴も、この水槽で見るとはっきりとわかる。近くには、原寸の、本物と同じ重さのサケのオブジェが置いてあり、実際に持ってみることができるのだが、想像以上の重さだった。

そしていよいよ一番楽しみにしていた場所に向かう。「千歳川の水中が見えます」と案内版に書かれた「千歳川水中観察室」だ。千歳川の中が見えるよう地下に設けられた、照明を落とした長い通路には、川を覗くための大きな窓がいくつも連なっていた。中央にはサケが大量に遡上した日の映像を流す画面が設置されており、そうした日には窓からサケがどんなふうに見えるのかがリアルに分かった。

残念ながら、この日サケはやってこなかった。それでも、ヤマメやウグイなどは見飽きるほどたくさんいて、生き生きと泳ぎ回っていた。先ほど川べりで釣りをしていた人たちはこれらの魚を獲っていたらしい。街中を流れているにもかかわらず、千歳川は豊饒な川であることが一目で分かり、何よりも自然の川の中での魚たちの動きを目の高さで見ることができて興味深かった。

水族館内のVTRでサケの遡上の様子を見たことで、なんとか千歳川のサケを見てみたいという欲求はいっそう高まった。年内はずっと札幌にいる夫は「もう一回チャンスを狙う！」と、当日の入場券を年間パスポートにアップグレードした。

翌週、恵庭の紅葉バスツアーに行った帰り、せっかくなので千歳の水族館を再訪してみた。恵庭と千歳は快速列車ならば隣駅なのだ。前日は大雨で水位が上がったので、サケの遡上には適しており、もしかして、という期待があった。

一週間前に見たばかりの他の展示には目もくれず、まっすぐに水中観察室に向かうと、ガラス窓の外にサケがいた！　数匹だけで、残念ながら大群の遡上とはならなかったが、ついに千歳川でも遡上する天然のサケを見ることができたのだ。ひとまず満足し、わたしは翌日の飛行機で鎌倉の自宅へと戻った。

二週間後、札幌の夫から連絡が入った。その週末は気温がとても低く、みぞれまで降り出したため、予定されていたテニスがキャンセルになったとのこと。ぽっかりと時間が空いたので、年間パスポートもあるのだからと、またしても千歳水族館に行ってみたのだそうだ。

　千歳駅からは吹雪に見舞われ、かなり大変な思いをしながら水族館に着くと、荒天だったその日はまさにサケの遡上の当たり日だったのだそうだ。メールに添付されていた写真を見て言葉を失った。館内で流されていたＶＴＲの映像よりもずっと多くのサケが体をくねらせて乱舞し、互いにぶつかりあわんばかりに密集して泳いでいる。静止した写真でも迫力満点だったのだから、実際に動くそれらを見た感激はいかばかりだったろう。その秋、千歳川を遡上したサケは十万匹と

千歳川のサケ

推定される中、なんとこの日を含む一週間で五万匹のサケが川を上ったとのこと。どんなに大量のサケだったのか、想像できるのではないだろうか。

毎年秋になれば、北海道の川にサケはやって来る。北海道に住んでいる人たちは、その気になればいつでも見られるのでサケの遡上にそれほど執着しないのかもしれない。しかし期限付きの住人である我々は違った。今しかないとの思いがあるからこそ、しつこく水族館に通い、その甲斐あってサケの遡上に出会えた。それは生涯の思い出だ。

グッバイ札幌

三年間の予定で始まった夫の札幌赴任は、予定よりも一か月短い二年十一か月で終わりを告げることになった。次の勤務地が、自宅のある神奈川県内に決まったのだ。進学、就職、転勤などで日本中の大勢の人々が住居を変える三月末に、我々も札幌を去ることになった。夫婦別々の暮らしが一年の半分を占める生活がついに終わることに心から安堵したが、またしても辞令からたった一か月で引っ越しを終えなければならない。無駄なく、経済的に、スムーズに。このタスクを完遂するには、頭をフル回転させなければ！

期間限定の、単身者用の小さなマンション暮らしだったので、必要最小限の品だけでスタートしたはずだったのに、ふと気が付くといつの間にかモノはずいぶんと増えていた。時間が経つにつれ、間に合わせの食器類だけでは我慢ができなくなり、札幌で出会ったセレクトショップや展示会で、皿やグラス類なども結構買ってしまっていた。円山動物園の白クマのぬいぐるみ、「札幌芸術の森」のギフトショップで見つけたフェルト細工のフクロウ、新千歳空港で買ったシュタイフの小鹿、二風谷で譲ってもらったオオカミのぬいぐるみなど、北海道の空気をまとった動物たちもちゃっかりと棲みついている。中古品と組み立て家具ばかりに囲まれていることにもうんざりし、なかば衝動的に東京で購入して送った、けっこう高価なギャッベの絨毯もある。北海道立近代美術館の図録、人が少なく広大なのでまるで図書館のようで楽しかった大型書店で購入したアイヌ文化をはじめとした様々なジャンルの書籍、北海道各地の観光やイベントの資料といった重い紙類もどっさり。鎌倉ではまず出番のなさそうなボア付きの冬底のブーツや耳当てなど、厳寒の冬を乗り切るために購入したものもずいぶんとある。そして、やはりアイヌ工芸品の数々。二風谷の貝澤徹氏に注文して制作してもらった貴重なイタ（盆）、子持ち盆、イクパスイなどは、手に入れるとすぐに鎌倉の自宅に持ち帰ったが、それ以外にも展示会や工房で購入した木彫りの動物、小さな皿類、花矢、刺繍製品などがずいぶんと集まっていた。

ある土地で生活をするということは、そういうことなのだと思う。生活を始める前には予想もしなかったものが必要になったり、未知のものに出会って夢中になるということが、おそらくどの土地で暮らしても絶対にあるのだ。そうして手元に残ったものたちは、自分がその土地でどういう時間を過ごし、なにに心をつかまれ、どんな出会いをしたのかを末永く語り続ける。

そんな感慨を心の片隅に抱きつつ、引っ越しという現実に向き合った。札幌赴任時には、一カ所だった住居を二カ所に分けたので、費用はかかるがモノの処分や取捨選択は不要で、ある意味楽だった。一つの住居から別の住居への転居も、荷物の梱包と開梱だけなのでそれほど問題はない。しかし、二カ所に分かれていた住居を一つにまとめるというのはかなり難易度が高かった。処分しなければならないものがあまりにも多いのだ。ベッド、たんす、ダイニングセット、ソファ、食器棚などの大きな家具、冷蔵庫、洗濯機、掃除機などの家電はすべて不要なので引き取ってもらうことが必要だった。まずはインターネットで探した不用品回収業者に、見積もりと回収日の予約を入れた。引っ越しが殺到する三月末は大変に混雑するので、業者への依頼は早めにしておかなければならない。それと並行して、不要な家具、家電、食器類、台所用品をもらってくれる人たちを探すことにしたのだが、意外にももらい手はどんどん決まっていった。単身赴任で札幌から転居する会社の同僚、アイヌ刺繍を通じて縁ができた札幌の知人たち、一人暮らしを始めることにした若い女性などが、次々に手を挙げた。人が使っていたものなどイヤだろうとほとんど諦めていた冷蔵庫や洗濯機やベッドまであっという間にもらい手がついた。細かいことは気にしない彼らのおおらかさにとても助けられた。軽トラックやワゴンも自分たちで手配し、夫が少し手助けをしただけで、どんどん運び出していく様子からは、ひ弱な首都圏の住人達とは違う北海道民のたくましさも実感した。炊飯器も電子レンジも電気ポットも傘立てもコーヒーテーブルも冬のブーツも何もかももらわれていき、結局、予約した業者に引き取ってもらったのは食器棚だけだった。

鎌倉に送るものは、自転車を除き、自分たちでどんどんダンボールに詰めていった。最初に引っ越し業者からもらった段ボールでは足りず、追加をもらったことからも、札幌滞在中にいかに多くのことをしてきたかを実感した。食器類はどう考えても多すぎるので、後日、鎌倉でガレージセールをすることにした。

　ベッドがなくなった最後の二日間はホテルに泊まり、ホテルからマンションに通って引っ越し業者への荷物の受け渡しをした。最後にガランと空になった部屋を掃除し、管理会社の担当者に鍵を渡し、札幌での生活はすべて終わった。早割を使って予約をしていたため常時三、四件は持っていた新千歳と羽田間のフライト予約も、ついに羽田行きの最後の一枚を残すのみとなった。

　札幌と鎌倉の二カ所をほぼ一か月ごとに往復する暮らしは、面倒なこと、不自由なこともあったが、頻繁に長距離を移動し、全く違う環境に身を置くというモビリティの高い生活は刺激的でもあった。もともと空港も飛行機も大好きだったので、毎月のように空港に行き、飛行機に乗れるのも愉快だった。札幌から立ち去ることが残念だという気持ちは不思議と沸かなかったが、一カ所に落ち着いてしまったら、生活が単調になって退屈するのではないかと少しだけ思った。

　北海道を立ち去る日の朝、札幌での最後の食事をとるために向かったのは、札幌市役所だった。市役所のロビーにはコーヒー専門店が出店していて、コーヒーとともに種類豊富なサンドイッチを早朝から販売していることを、前日家電ゴミを処分するため市役所を訪れた際に知ったのだ。イートインスペースでサンドイッチを食べていると、出勤してきた市の職員たちが、エレベーター待ちの長い列を作っているのが見えた。わたしたちの生活は明日からがらりと変わるのに、彼らは典型的な日常の中にいる。

空港行きの快速列車に乗るため札幌駅に行くと、エスカレーター横に並んでいるベンチの真ん中では、四月だというのにストーブが赤々と稼働中だった。

飛行機に乗って北海道の大地を離れ、羽田空港から電車を乗り継いで鎌倉駅に着き、ホームに降り立つと、空気の中に花のにおいを感じた。ああ、もうすっかり春なのだ。あたりには太陽の光がいっぱいに満ちているし、人々はすいすいと自転車で走っている。そうだ、自分はずっとこういう場所で生活していたのだった。

土地が温暖だということは、それだけで大きな恩恵だ。

それでも北の寒い土地にはそれならではの美しさ、楽しさもあるということを今は知っている。同じ難儀を励まし合って乗り切ろうという独特の連帯感があることも。これからはきっと、札幌での不自由だった日常の体感は徐々に薄れ、よい記憶だけが懐かしさを養分に枝葉を伸ばしていくのだろう。夏でもひんやりと怜悧な、自然の香りに満ちた空気とともに。

番外編　雪の新千歳空港、欠航サバイバル

三年間、羽田と新千歳を数えきれないほど飛行機で行き来したが、幸いにも大きなトラブルには一度も見舞われなかった。これは奇跡的なことだと思うし、道内の人たちにも口をそろえてそう言われた。北海道路線では天候によるトラブルが多発するからだ。

冬の北海道では雪による欠航は避けられない。悪天候が続けば欠航は二、三日に及ぶこともある。ついさっきまで晴れていたのに、突然吹雪に見舞われてあっという間に滑走路が閉鎖されることもある。雪国の天候はそれほど変わりやすい。ネットを検索すれば、新千歳空港のフライト欠航でどんなひどい目に遭ったかを伝える体験談はたくさん見つかるし、空港で夜明かしする人々の映像は首都圏のニュースでもお馴染みだ。

札幌と東京の往復を何十回もしなければならなくなった時、そうしたトラブルが自分にも降りかかることを想像して戦々恐々だった。欠航により航空券を買い直さなければならない事態に備え、正規運賃の半額でチケットが購入できる株主優待券狙いで、航空会社の株まで購入したほどだ。

幸い、三年にわたる移動続きの期間中、深刻なトラブルは一度も経験せずに済んだ。直前の便まですべて欠航だったのに、自分の便から飛び始めたり、機材繰りで欠航になったものの一

時間後の便にすんなり振り替えられたり、システム障害で大混乱になったのが移動の前日だったり、まるでなにかに守られているかのような強運がずっと続いた。

しかし、ついにその日はやって来た。札幌を退去して初めて、観光で久しぶりに札幌を訪問した冬、恐れていた欠航による足止めを経験したのだ。本書の最後のエピソードとして、その顛末と、そうした場合にとるべき行動のヒントを記したいと思う。

二〇一六年十二月中旬。二泊三日の予定で札幌に向かった。しかし、しばらく前から北海道の天候は不安定で、行きのフライトからすでに波乱が予感された。

羽田空港を飛び立つ直前、ネットで北海道のライブ映像を確認したところ、新千歳空港の滑走路はきれいに除雪され、雪もまったく降っていなかった。当然ながら航空会社からは天候調査や、条件付き運航（着陸できない場合、他空港への着陸や引き返しがあること）などの情報は出されず、飛行機は何事もなく羽田を離陸した。しかし、うっすらと冠雪した美しい東北の山々に見とれ、夢中で写真を撮っていたとき、突然機長からアナウンスが入った。

「新千歳空港は大雪のため、滑走路が全て閉鎖されております。あと五十分ほどは進入できないので上空で待機するようにとの指示を受け、青森上空で旋回し、滑走路のオープンを待ちます」

「なお、燃料は十分に積んでいますので、ご安心ください」

条件付き運航の必要さえなかったのに、離陸後一時間も経たずに空港が閉鎖されたのだ。やはり冬の北海道の天気は変わりやすい。そしていったん吹雪くと滑走路はあっという間に使えなくなる。通常なら羽田への引き返しもあり得る状況だったが、条件付き運航にしなかったので、なんとしてでも新千歳に降りる必要があったのだろう。

旋回しながら上空で待機している間、窓の外には同じように滑走路が開くのを待つ飛行機がたくさん見えた。面白い眺めだった。機体の真下に一機、遠くを見やると二機、三機。雲の中は飛行機で一杯だった。

ようやく着陸した滑走路は雪で真っ白だった。着陸はおそらくギリギリの決断だったのではなかろうか。路面が大変に滑りやすいということで、ゲートまでは十分ほどかけて超低速で移動した。この日はこの後、羽田発新千歳行きのフライトはすべて欠航になった。またしても強運が発揮されたと思った。

しかし、運の強さはそこまでだった。

帰りの羽田行きの便は日曜日の午後六時発だったが、その前日、道央全域は記録的な豪雪に見舞われた。新千歳空港ではほとんどのフライトが欠航になり、鉄道も乱れ、札幌市内の市電も、除雪用のササラ電車が立ち往生したため一日中運休したほか、除雪車までスリップして電柱をなぎ倒すという前代未聞の混乱となった。その結果、新千歳空港では千人が夜明かしする状況になってしまった。彼らはみな翌日の飛行機に乗ろうとするだろうが、日曜日に空席は少ないので、たとえ全便が飛んだとしても混雑は必至だ。

日曜日になり、朝のニュースを見ると、天候は回復しつつあるので、新千歳空港のフライトは機材繰りがつかない数便を除いて平常通り運航予定とのことだった。しかし、雪はいつまでも降りやまず、「ライブ映像」で繰り返しチェックした滑走路もずっと真っ白なままだ。イヤな予感がした。天気予報が大きく外れることもまた、冬の北海道ではよくあることだ。

悪い予感は当たり、まもなく午前中のフライトはすべて欠航になってしまった。

それでもまだ自分のフライトは大丈夫だろうとわたしは楽観していた。天候は回復傾向だし、出発は午後六時なので時間の余裕はある。

しかし、ホテルをチェックアウトし、近くのレストランで昼食をとっていた時、携帯にメールが入った。

「お客様の予約されたフライトは、機材繰りがつかず、欠航となりました」

一瞬目を疑い、いっぺんに食欲が失せた。おそらく、午前中に予定外の欠航が多発したため、使用する飛行機が足りなくなったのだろう。普通ならば振替便として直後の便を予約すればいいだけだが、この日はメールを見た瞬間、ああもう今日は帰れないと悟った。なぜなら、新千歳空港には前日の夜明かし組千人に加え、午前中の欠航便の乗客が積み残されているのだ。もともと混んでいるうえ、その人々がすでに振替手続きをしているので、空席などあるはずはない。案の定、予約していた航空会社はもちろん、他のすべてのエアラインが夜まで完全に満席だった。

ここで、欠航対応の一つ目のポイントがある。航空券を買う場合、必ず携帯かスマホに連絡メールが来るように設定しておくということだ。

連絡先としてメールアドレスを指定しておくと「搭乗は明日です。ゲートは何番です」のようなお決まりの連絡とともに、「ご予約のフライトは天候調査がかかりました（つまり空港に行ってもすぐには搭乗手続きができない）」「遅延になりました（五分、十分の遅れでも知らせてくる）」「搭乗口が変わりました」などの連絡がどんどん入ってくる。空港内のアナウンスより早い場合も多い。とりわけ、この時のようにまだ空港にいなかった場合、もしも連絡メールが来なければ、自分からエアラインのサイトに行ってチェックするか、実際に空港に行くまで、自分の便の欠航を知ることができない。その結果、情報を得るまでの時間や状況が大きく変わることになる。

欠航が決まったら何より大事なのは初動だ。情報の入手は一刻を争う。連絡メールは大げさに言えば命綱。パソコンから購入手続きをしても、メールのあて先はパソコンではなく携帯やスマホに変更しておくことが肝要だ。

と同時に初動を支えるのは決断だ。まだ欠航にはなっていないものの、ずらりと「×（空席なし）」表示が並ぶ当日のフライトに望みを託しても無駄だとわたしは判断した。「空席なし」となっていても、後からぽつぽつ空きが出るケースもあるが、この日は状況が状況なので、とりあえず予約を入れて後からリリース、という人はまずいないだろうと考えた。実際、夜まで何度も空席照会をしてみたが、予約した航空会社からは一席も空席は出なかった。

ショックは隠せなかったが、当日に帰るのはすっぱりと諦め、食事もそこそこに翌日の空席をチェックし、空席がある中で一番早い午後三時の便に予約を入れた。

第二のポイントはここだ。飛行機に乗る場合には、近々そのエアラインを使う予定がなくても、とりあえず会員登録をしておくということだ。会員登録を済ませていれば、スマホやタブレットからログインして予約を取ることができる。住所や氏名などの煩雑な入力もせずに済むので、予約を早く完了させることができる。振替便の予約は時間との競争だ。欠航の連絡を受け、自分と同じように青ざめ、大急ぎで振替便を抑えにかかっている人はたくさんいるのだ。この時も、予約を入れた時点で残席はすでに数席しかなく、まもなく翌日のフライトは最終便を除いてすべて満席になってしまった。航空会社のサイトには丁寧に説明されているが、振替便の予約は予約画面に進んで予約番号を取るだけでよい。片道何万円もする料金にびっくりするが、欠航の振替なので、同一エアラインであれば支払いは発生しない。支払画面に進んで支払い手続きをする必要はない。予約ができるとすぐにエアラインからメールが来るので、搭乗時に振替カウンターでそのメールを見せるだけでOKだ。振替便もまた欠航になるということもあり得るが、その時はまた別の便に予約を入れればよい。

ただし、機材の故障ではなく悪天候による欠航（つまりエアライン側に責任がない欠航）で他社便に振り替える場合には、欠航になった便を払い戻し、新しい便を購入し直す必要がある。出発間際なので正規運賃のチケットしかないことも多く、差額は自分が負担することになる。このため、札幌と東京を頻繁に往復していた時代には某航空会社の株主優待券を常に持ち歩くようにしていた。株主優待チケットがあれば、正規運賃の半額で優待枠のチケットを購入できるからだ。幸い使うことはなかったが、この日、参考までに株主優待の空席もチェックしてみたところ、空席は一つしかなく、結局その便も欠航になってしまった。

さて、次に手を打たなければならないのは宿だ。

空港で寝泊まりするのだけは絶対に避けたいと、文字通り血眼になってネットで宿を探した。しかし、空港に近い千歳、恵庭、北広島のホテルには全く空室がなかった。かなり焦ったが気を取り直し、ついさっきチェックアウトしたばかりの札幌のホテルを検索すると、なんと日曜日ということで激安価格の空室があった。もちろん即座に予約を入れた。

これは本当に不幸中の幸いだった。前日からの空港での夜明かし組、そしてこの日の午前中に欠航に見舞われた人たちは、みな新千歳まで行ってしまっているはずだ。そうなると、なんとかして当日中に帰りたいと思うだろうし、スーツケースを引きずって、これまた大混乱・大混雑の電車に乗って札幌まで戻り、空席を見つけ次第また空港に引き返すという気持ちにはなかなかなれないだろう。このため、この時点では札幌のホテルまでは検索の手が及んでいなかったのだと思われる。

この日、夜の便は飛ぶには飛んだものの、出発時刻は大幅に遅れ、どの便も二十四時を過ぎて羽田に到着した。羽田からの足がないので乗っても仕方がないというケースも多く、案の定、この日の欠航数は前日を下回っていたにもかかわらず、前日をはるかに上回る千五百人が、空港で夜明かしをすることになってしまった。そして、そうなってから札幌のホテルを探しても、おそらく空室はなかっただろう。これが三つ目のポイントだ。すなわち、「早く帰りたいのは誰も同じ。状況を冷静に分析し、早めに諦めることも肝心」ということだ。

空港には一度も行くことなく、札幌のホテルでゆっくりと休み、翌日になった。

この日も朝から雪が降っていたが、ニュースもエアラインも「そのうち晴れます。新千歳は平常運航です」と繰り返していた。もちろん朝の道内ニュースは、二日連続の新千歳空港の大混乱を大きく取り上げていた。振替カウンターには朝四時から列ができ始めたとのことで、七時頃には身動きできないほどの状況になっていた。

そうした映像を見ると、一刻も早く空港に行かなければ！と焦りそうになるが、いやいや待てよ、と改めてエアラインの空席状況をチェックしてみたところ、最終便にはまだかなり空きがあるうえ、昨日は満席だった他の夜便にも少しずつ空席が出始めていた。ならば、今列に並んでいる人たちの中には午前便に乗っていなくなる人たちも相当いるはずだし、万が一また欠航になっても当日の振り替えはできそうなので、少し人が減ってからの方がいいだろうと判断した。

出発時刻三時間前の正午に空港に着くよう、札幌を出発した。空港はもちろん大混雑で、振替カウンターも、手荷物預けのカウンターも長蛇の列だったが、朝のニュースで見た状況よりはだいぶ改善されていた。振替のために一時間並び、手荷物預けに二、三十分並んで無事手続きを終えることができたが、並んでいる間にも、列はだんだん短くなっていていき、混乱のピークは越えたことが分かった。

五十分遅れの飛行機に乗り込み、赤ちゃんを抱いた若い母親と話をしたところ、彼女は二日間足止めされ、昨晩はついに空港で寝たのだそうだ。どうやら二日にわたって足止めされた人は相当多かったようだ。考えてみればそれも当然。二日前の土曜日はほとんど飛行機が飛ばなかったうえ、もともと空席があまりない日曜日も午前便はみな欠航になり、飛んだ夜の便も日付をまたいで到着するほどの大幅遅延だったのだから。

これが初めての足止めの一部始終だ。不幸中の幸いがいろいろあったこの経験が、少しでも冬の北海道で欠航に見舞われた際の参考になれば幸いだ。

あとがき

二年十一か月におよぶ札幌での生活を終え、鎌倉に戻ってから一年以上が過ぎた。

札幌での暮らしを経験する前と今とでは、北海道への想いが明らかに変わった。いまや「北海道」という文字を見ると、かの地での体感が蘇り、胸の奥がうずく。テレビ欄に「北海道」の文字を見つけると反射的にチャンネルを合わせるし、新聞でもテレビでも北海道が取り上げられていれば目を凝らして見入ってしまう。札幌で暮らす前にはなんの関心も持ち合せていなかった北海道が、なにかと気にかかって仕方ない。今年の雪はどうなのか、飛行機は無事飛んでいるのか、そろそろ桜が咲き始めているのか、平取でのアイヌの伝統行事は無事行われたのか、折に触れて思う。

しかしそれは北海道に惚れ込んだとか、戻りたくてたまらないとかいう、ポジティブ一辺倒の感情ではない。もっとずっと、複雑な心情だ。

正直、北海道で暮らすのは当分いいかな、と思っている。当時のできごとを振り返ると、楽しかったこと、おいしかったもの、感動的な体験がたくさん思い浮かぶが、少なくとも今は、あの場所を再び自分の生活の場にしたいとは思わない。車の運転はおろか歩くのもままならない雪の季節は不自由だし、喫煙可の飲食店ばかりなのも辟易だし、ぼんやり歩いて人にぶつかっても平気な人たちも苦手だ。にもかかわらず北海道に対して抑えがたく湧くこの愛おしさはなんなのか。北海道への一筋縄ではいかない情愛の源は一体どこにあるのか。

これだけははっきり言える。日本の中心から遠く離れているということがどういうことなのか、北海道は教えてくれた。東京の真ん中で生まれ育ち、その後も首都圏で暮らし続けてきた自分にとって、それは初めての体験だったが、意外なことにその「地方感」は、ある種の開放感をもたらしてくれた。今世紀に入ってから、日本の中心としてのいわゆる「東京」そして「首都圏」への違和感を抑えがたく感じるようになっていた自分に対し、その違和感の正体を、厳しい自然が支配するあの北端の地が暴いてくれたように思う。

生まれ育った東京は、長い間自分にとって良くも悪くも「標準」だった。三十年以上暮らしている鎌倉も、首都圏という中央意識においては東京と大差ない。しかし、自分が無意識に「標準」だと感じてきたものが実は標準でもなんでもなく、かなり特殊であることに遅まきながら気づきはじめた時、3・11が訪れた。そして違和感は決定的になった。首都圏に蔓延する妙にちゃっかりした空気。大消費地の無意識の傲慢さ。それに気づくや、周囲にただよう臭気が不快でたまらなくなった。

当人たちは無自覚だろうが、首都圏の少なからぬ人々には、最良のもの、最新のもの、利益を上げられるものは、まず自分たちのところにやってくるだろうという呑気な思い込みがある。原発も基地も、厄介なものはとりあえず近くにはこないだろうと考える気楽さも。それが、目の前にないからと、呻吟する沖縄や福島の人々をまるでないもののように扱う冷淡さにつながっていないか。彼らの大半は自覚も悪意もない。しかし、だからこそタチが悪い。分厚い無意識のベールに覆い隠された特権意識の持ち主たちに、地理的、歴史的、経済的に不利な条件の中で立ちつくし、時に蹂躙される辺境の地の溜息は届かない。

北海道は、日本の中心地のはるか彼方だった。道内のほとんどの地域は雪や過疎化との闘いで手いっぱい。ちゃっかりなどできるはずもなく、それゆえの思い上がりもない。現状から浮上するのは並大抵ではなく、道筋はなかなか見えない。

当時、ＪＲ北海道は不祥事とトラブルが続発していた。北海道の人たちも呆れていた。しかし、実際に住んでみて、あの広大な土地に散らばる人口減少中の市町村を鉄道でつなぐことがどれほど大変か、雪との格闘にどれほどコストがかかるか理解できた。民営化という名の下に、鉄道という公共性の高い事業の採算を、あれほどの悪条件を抱えた北海道だけでとれというのは酷な話ではないか。

日本の中枢であり、権威であり、いい思いをして当然と考える人々はまた、そのポジションを維持するため権力の顔色もうかがう。それは大手メディアの姿勢にも現れる。しかし、北海道は様子が違った。地方紙やローカルニュースは、中央のやり方にはっきりと異を唱えていた。「特定機密保護法」、「集団的自衛権」という二つの大きな事案が成立するかどうかという時期に北海道と首都圏の両方に身を置いたことにより、その歴然たる差を目の当たりにした。

政権に慮って歯切れの悪い東京のニュースとはうって変わって、北海道では、「国民への説明が十分ではない」「自衛隊員にどのような危険が及ぶか不明確だ」と、キャスターたちが一様に怒りを表明していた。不幸な犠牲が生じても、とりあえずそれは自分や自分の家族ではないだろうという前提は成立しないのだ。自衛隊の大規模演習場があり、卒業生の多くが自衛隊を就職先とする高校もある北海道では、想像しうる危険は、自分の危険であり、自分の家族や友人の危険かもしれない。原発も然り。決定を下すのは中央で、真っ先に影響にさらされるのは貧しい地方の者たちだ。だからこそ、過去の事件や記憶も忘れずに語り継がれる。一九四一年に、北海道帝大の学生だった宮澤弘幸が、英語教師のレーン夫妻に偶然目にした根室第一飛行場の話をしただけで軍事機密法違反の罪でスパイとして逮捕され、釈放後に死亡した「レーン宮澤事件」は、「特定機密保護法」に関連して何度も地元紙で目にした。

北海道には、効率的なシステムの欠如、優秀な人材の不足、外からの英知や提言を取り入れることへの抵抗感、助成金・交付金頼みの体質など、その発展や改革を阻害する問題点が少なくない。しかし、今の日本を眺めた時、浮ついた雰囲気に踊らされる余地のない地方の厳しい目線は貴重だ。首都圏の人間がもっとそれを実感できたらどれほどよいだろう。

新千歳空港からの何度目のフライトだっただろうか。羽田へと向かう機内で読んでいた池澤夏樹の対談集「沖にむかって泳ぐ」に、こんな一節があった。

「日本の戦後四十数年は、物事がうまく運んできたように見える。しかし実際は全然そうじゃない。実は明日の分、来年の分、十年後の分の食物を今のうちに食べてしまっているのであって、その不安感が今少しずつ出ている」

「自然と人間の関係の中では、楽観論は容易に成立しない。ということは、誰かが欺瞞を振りまいているわけです。その一番の元凶として国家があり、経済システムがある。いい例の一つとして原子力推進派の使うアンフェアな言葉がある」

そう、まさに「国」と「経済システム」なのだ。そのまやかしが、初めての北海道で雪と格闘し、クマが出るかもしれない林道を散策し、おいしいビールに酔いしれつつ、クリアになっていった。国の中心にいると感じることが得意でならない人たちや、経済システムが本質的に内包する負の面を見ず、その枠組みの中にどっぷりと浸って数字を大きくすることを「絶対善」とする人たちの輪の中にはもはや入れない。時に人の制御を超える厳しい自然が支配する北国の、冷たく澄んだ空気を知った今ではなおのこと。

工夫を凝らして守り伝えなければ早晩消え失せてしまいかねない、野のつつましい花のようなアイヌ文化が心に響いたのも、それが人間によるやりたい放題、なりふりかまわぬ経済至上主義の対極であったからかもしれない。人間の驕りをいさめた北の先住民族の精神が、どうか狡猾なものたちに利用され、蹂躙されることのないように。

日本の真ん中あたりで暮らす人たちだけがこの国を構成しているのではないという当たり前のことを、札幌での暮らしは心の深いところで実感させてくれた。心の中には、はるか北に離れた土地への想いがある。それを消さないように暮らしていきたい。

二〇一七年、梅雨明けの鎌倉にて

後藤　裕子

後藤裕子（ごとうゆうこ）略歴

東京生まれ、鎌倉在住。東京大学文学部英語英米文学科卒。情報サービス会社、国際特許事務所、翻訳会社勤務を経てフリーの翻訳者に。２００７年に著書を初出版。

著書

「『愛の群像』ペ・ヨンジュンからの贈り物」角川グループパブリッシング（２００７年）

「『愛の群像』の歩き方」（上）（下）角川グループパブリッシング（２００８年）

「大人の遊園地」星雲社（２００９年）

「今日もひとり韓国語をつぶやく」BookWay　電子版 Kindle ストア（２０１２年）

「マウイ　ノカオイ（マウイが最高）」BookWay　電子版 Kindle ストア（２０１３年）

「アンチガイドブック的ソウル出会い旅」BookWay　電子版 Kindle ストア（２０１４年）

「うちにごはんを食べにこない？」BookWay　電子版 Kindle ストア（２０１６年）

著者ホームページ「ゆこまるＳＴＹＬＥ」

http://yukomaru.la.coocan.jp/

はるかなり、札幌

旅するように暮らした、北海道初心者の二年十一か月

発行日　2017 年 9 月 1 日
発行者　BookWay
著者　後藤裕子
印刷・製本　小野高速印刷
〒670-0933　姫路市平野町 62
TEL.　079(222)5372
FAX.　079(223)3523

電子版　Kindle ストア、楽天 kobo、iBookstore など

ISBN978-4-86584-251-7